「自然流とシュタイナー」子育て・幼児教育シリーズ

子どもたちの幸せな未来 1

共働きの子育て、父親の子育て

ほんの木

子どもに話してあげたい、ちっちゃなお話①

（新連載）ペダゴジカル・ストーリー

「ハーイ・ノームと、イヤダー・ノーム」

大村祐子さん（「ミカエル・カレッジ」代表）

イラスト・今井久恵

みなさんは、夜、ねむっている間、子どもたちは「ハーイ・ノームの国」と「イヤーダ・ノームの国」へ行くということを知っていますか？

ハーイ・ノームの国はおそらのずっとずっと上のほうにあり、お日さまの光がいっぱいにさしています。そしてあたたかくてふんわりした雲がうかび、いつでもきもちのよい風が吹いているのです。ですからそこで暮らしているハーイ・ノームたちはもちろんのこと、毎晩遊びにくる「はーい」とおへんじすることが大好きな子どもたちもみんな仲良く、たのしく、とってもしあわせな気持ちで過すことができるのでした。

そのはんたいに、イヤダー・ノームの国は大地のずーっと底の、また底の底にあり、そこには決して日がさしこむことがありません。ですからいつでもじめじめして暗く、そこで暮らしているイヤダー・ノームも、「いやだ、いやだ」と言いながらイヤダー・ノームにむりやり連れられる子どもたちも、けんかしては悪口を言い合い、いつでもいらいら、ぷりぷりしているのです。

ある日のことです。じゅんちゃんとさとるくんが公園で遊んでいました。砂場で池をつくったり、すべりだいで逆さすべりをしたり、木陰でかくれんぼしたり…それはそれは楽しくあそんでいたのでした。ですから、夕方になってお日さまが西にかたむき、じゅんちゃんとさとるくんの影が地面になが－く伸び始めたことに気がつきませんでした。

そこへ、じゅんちゃんのおかあさんが迎えにきました。「じゅんちゃーん、かえりましょう！　もうすぐおとうさんも帰ってくるわ」。じゅんちゃんはおかあさんが迎えにきてくれたことが嬉しくてたまりません。「はーい」とおへんじしておかあさんと手をつなぎ、スキップをしながら帰ってゆきました。そのようすを見ていたハーイ・ノームは、くるりとでんぐりがえりをすると手を叩いて喜びました。「今夜はじゅんちゃんをぼくの国へつれて行けるぞ！うれしいなあ」

そこへ、さとるくんのおかあさんも迎えにきました。「さとるくん、帰りましょう。今夜はあなたのだいすきなハンバーグよ」。けれど、さとるくんは「いやだー」と言ってすべりだいにかけあがってしまいました。…さとるくんはもっともっと遊んでいたかったのです。

それを見ていたイヤダー・ノームは「えっへっへっへっ。今夜はさとるくんをわしの国へつれて行けるぞ。仲間がいないと暗くて、さびしくていかん」と言うのでした。

さて、夜のあいだ、ハーイ・ノームの国であそんだじゅんちゃんはつぎの朝、にこにこしながらとってもげんきなようすで起きてきました。けれど、イヤーダ・ノームの国へ連れて行かれたさとるくんはぶすっとして、とってもつまらなそうなようすでしたよ。

E N T S

2 子どもに話してあげたい、ちっちゃなお話①
「ハーイ・ノームと、イヤダー・ノーム」
大村祐子さん（「ミカエル・カレッジ」代表）

6 共働きの子育て、父親の子育て

7 共働きの子育て、父親の子育て「インタビュー」
親の性格とそれぞれの事情に沿った子育てが一番いい
毛利子来さん（毛利医院医師）

19 子育てに家族サービスはいらない!?
吉良創さん（南沢シュタイナー子ども園教師）

27 子どもの心を肯定する関係づくり
佐々木正美さん（児童精神科医）

35 共働きだからできる『夫婦で子育て』
高木紀子さん（臨床心理士）

40 シュタイナー教育から見た父親と子ども
西川隆範さん（シュタイナー研究家）

46 「父性」だけができること
正高信男さん（京都大学霊長類研究所教授）

84 リレーエッセイ「子どもたちの幸せな未来」
「今」を、生きる、大人たちへ
五月女清以智さん（株式会社はるこま屋代表取締役）

89 こども白書

99 【新連載】始めませんか？ 台所からの子育て①
「栗拾い」が教えてくれる
あんなこと、こんなこと
安部利恵さん（栄養士）

C O N T

「自然流とシュタイナー」子育て・幼児教育シリーズ
子どもたちの幸せな未来①
「共働きの子育て、父親の子育て」
もくじ

表紙イラスト／はせくらみゆき
デザイン／石塚亮（Creative House ONE´S）

共働きの子育て、父親の子育て

子どもたちの幸せな未来①

「自然流とシュタイナー」子育て・幼児教育シリーズ

両親がフルタイムで働いている家庭や、お母さんがパートやアルバイトをしている家庭が増えています。

それと呼応しているのかどうか、幼稚園・保育園の行事や子育てに積極的に関わるお父さんがずいぶん増えています。

その一方で、家庭に親のいない時間が長いと、子どもと十分なコミュニケーションがとれないのではないか、しっかりした食事や生活習慣が作れないのではないか、甘やかし過ぎや厳しくなりすぎたりして、子どもに何か悪い影響があるのでは……といった悩みや不安を抱えている親御さんも少なくありません。

また、保育園や幼稚園では共働きの家庭とそうでない家庭の間には微妙なすれ違いがあるとも言われます。

共働きの家庭とそうでない家庭で育った子どもの間には、なにか違いや、際立った特徴があるのでしょうか。

子育てに父親が関わることで子どもはどう変わるのでしょうか。シングルマザーの子育てでは?

さまざまな子育てのあり方を通して、子どもの育ちにとって大切なことを考えていきたいと思います。

親の性格とそれぞれの事情に沿った子育てが一番いい

毛利子来《たねき》さん(毛利医院医師)

東京原宿にある毛利医院には、毎日毎日、両親が働いている子どもも、そうでない子どもも、いろいろな親子がやってきます。〝タヌキ先生〟のニックネームにふさわしい豊かな体と優しい眼差しで半世紀近くも子どもたちを見つめてきた毛利先生に、共働き家庭の子育て、父親の子育てについて伺いました。

もうりたねき
1929年、千葉県生まれ。東京の原宿で小児科医を開業するかたわら、子育てについての著作や講演を行い、〝タヌキ先生〟の愛称で親しまれている。『新エミール』『いま、子を育てること』(ちくま文庫)、『たぬき先生の小児科ノート』『生きにくさの抜け道』(岩波書店)、『子育ての迷い解決法、10の知恵』集英社『えせ医者Mの伝説』(新潮社)、『父親だからできること』(ダイアモンド社) など多くの著作がある。

何歳まで子どものそばにいるべきでしょうか?

――3歳までは子どもと一緒にいた方がいいとか、せめて1歳までは、などといわれますが、毛利先生はどうお考えですか。

0歳児保育は1960年代に東京都で初めて始まりました。それから、40年以上経って、いまでは保育所に預けられて育った子どもたちが成人して親になっています。

しかし、子どもにつきっきりで育てた場合と比べて、そういう親たちが特に自殺するとか、犯罪を犯すとか、身を持ち崩すとかいったことが多いわけではないですね。3歳以前に親から離れて育つことについて、いろいろな学者が実態調査をしていますが、理屈はともかくとして、事実として大丈夫だということが実証されています。

3歳までとか1歳まではといったら、生まれてすぐに母親が重病になったとか、亡くなってしまったとか、経済的にやっていけなくて働きに出た環境で育った子どもはみんなだめなのかというと、そんなことはありませんよね。僕の母親も僕が生まれてからすぐに重病になり、とうとう小学校の時に死んじゃいました。父親も戦争で亡くなっていますから、「みなしごハッチ」みたいなものです。それでもなんとか生きてこれましたし、少なくとも人殺しや自殺をしてないし、アルコール中毒にもなってないですよ（笑）。

――むしろ、最近の親は子どもに干渉しすぎるといわれますね。

核家族で母親が子どもにつきっきりで育てることは、日本では高度経済成長期以降に始まりました。それまでの母親は電気やガスがないこともあって家事が忙しいし、農家や自営業であれば当然働いていました。まして、それより以前の親はみんな働いていて、子どもが大勢だからほったらかしです。現代とは社会状況が違いますが、子どもにとっては、そのころの方が自由勝手に遊べたから楽だったでしょうね。

もしも、お母さんたちが会社に行って旦那さんのことを見たら、うちの旦那は欠伸《あくび》ばっかりしてるとか、また上司に怒られたとか、女性社員に触ったとか、同僚と喧嘩したとか、帰りに飲みに行ってるとか、いろいろ気になるに決まっています。それを見て「なにやってるの、ちゃんとやってよ!」といったら、夫はたいていは怒るでしょう。

ところが、子どもはいつも親から監視されて「こうしてはいけない、ああしなさい」といわれている。わが身に引き替えて見ればもっとよくわかりますよ。たとえばお姑《しゅうと》さんや子どもから、いちいち指摘されたり、注意されたら腹が立って「うるさい!」といいたくなります。それと同じことをやられているのに、子どもは怒ることもできないのですから、可哀想ですよ。僕はよく我慢強く耐えていると思います。でも、そういうことばかりやっているといずれ耐えられなくなってしまう。表向きは従っていてもストレスがたまるから、いじめをしたり、発散せざるを得ません。最近の少年少女の犯罪を見てみると、いい子で育ってきて「あの子が!?」というのが多くなっていますね。だから私は、いつもお母さん方に「子どものストーカーになるな!」というんです。

子どものためには、親は子どもからできるだけ離れていた方がいい。親にとっても、子どもが何をしているかいちいち知らなければ気になりませんから気楽ですよ。子どもは必ず親の気持ちを裏切ります。思いどおりに育つことはないから必ずイライラします。親からすると気になること——意気地がないとか、乱暴だとか、落ち着きがないということがあっても、知らなければそれまでです。

だから、家にいて子どもにかかりきりになっているよりは、自分のしたいこと、やらなければならないことをやった方がいい。いろいろな人とつきあったり、社会的な仕事をする方が生き甲斐が出てくるのではないでしょうか。家の外に出れば、イヤなことも含めて世の中を知る機会が増えますから、そういう社会的な経験や仕事の苦労や楽しみが、間接的に子育てに幅や奥行きをもたらすということもあります。

その意味では、家に子どもとずっと一緒にいて世話をしているよりも、むしろ両親が仕事をもって、保育所なりに子どもを預けている家庭の方が子どもも幸せだし、親も楽でいいと僕は思います。

いまは、共働きの方がいい子育てができる時代になっているともいえます。

たとえば、学校で何か問題を起こす。不登校——不登校自体は悪くないですが学校からは問題にされています、あるいは盗みなどの軽犯罪を犯すのは、統計的には、共働きで子どもを外に預けているよりも、家庭で育てている子どもの方が多くなっています。親が子どもに干渉しすぎていないか、ということが、原因の一つとして考えることができます。

とりわけ、「子どものために」と母親が仕事を辞めてしまった場合は、子どもに過剰な期待をかけがちです。自分のしたいことが子どものためにできなくなったということは、その人の人生が子どものために犠牲になっているわけですから、子どもへの恨《うら》みになっていきます。そして、「お母さんはこんなにやっているのに、あなたはどうしてできないの!」となる。

働きたくなかったら働かなくてもいいし、遊んでいてもいいんです。子どもを監視するように手を掛けるのならば、パチンコやカラオケに行ったり、自分の趣味に凝っている方がよほどいい。それを見た子どもが「お母ちゃんはだめだなあ」とか「ルーズだ」ということを知ればいい。僕がいまの日本の教育で一番足りないと思うのは、そういう人間のマイナス面を出していないことだと

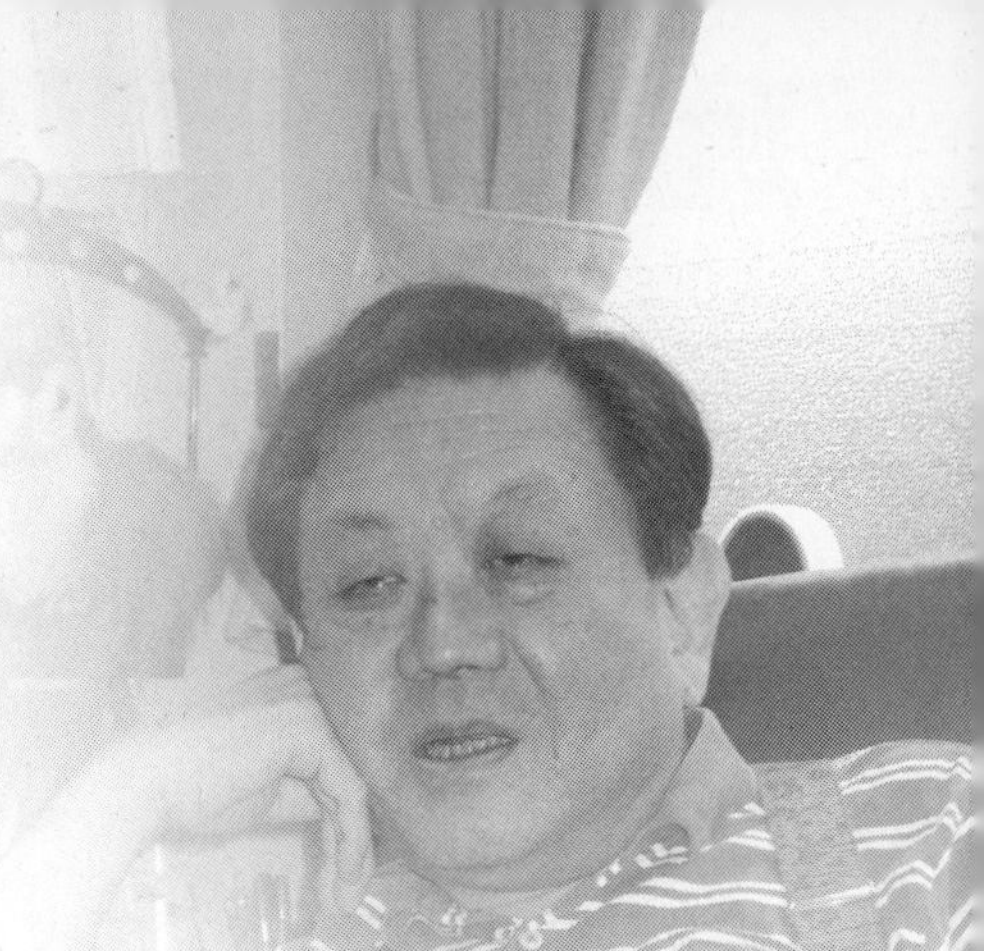

思っています。やらなければいけないと思いながらずるずるとやらずにすませてしまうとか、やっつけ仕事でいい加減にやってしまったとか、一生懸命にやったけれど失敗したとか、そういうことは誰にもあります。ところが、いまの育児は人間にそういう至らなさがあることを認めないし、許さない。

月曜日に「学校行くのヤダ！」と子どもがごねているときに、頭ごなしに「行きなさい！」と怒鳴るよりも、「俺も月曜日に会社に行きたくないと思うことはあるけれど、行っているんだよ」といってあげたほうが、「お父さんも苦労しているんだな、同じだなあ」と子ども心にわかります。親への親近感もわいてきますし、親も苦労して社会の中で生きているということが見えて、人間への理解も深まっていきますよ。

子どものことばかりかまっている親よりも、むしろ「お父ちゃん、疲れているなあ」「ああ、お母ちゃんよくやってるな」ということを子どもが感じる親の方が、人間の教育にもなるのではないでしょうか。

——保育園や学童保育に預けることにこだわりを持たないで、そうしたければそう決断すればいいということですね？

はい。父親でも母親でも——とりわけ母親でしょうが——職業でも趣味でもいいので、自分がしたいことを「子どものために我慢して」やめないほうがいい。

経済的に共働きをしないと大変な場合でも、「子どものためだから」と食費を削り、旦那の小遣いを削り、大好きな映画にも行かない、美容院に行く回数も減らすとか、そういうふうに自分の楽しみを削って無理をしてまで子どものためにそばにいる必要はないですよ。生活上働いた方がいい場合はそちらを選べばいい。子どものためではなく自分たちのためを考えた方がいいと僕は思います。

お勤めでも自由業でも、趣味でも地域のボランティア活動や市民運動でもいいから、何かに関わって世間を広げると、いろいろ情報も入るし、経験も豊富になって、母親としても生き生きしてきます。それが結果として、子どもの見方を偏《かたよ》らせないで、子育てにいい影響を与えることが多いと思います。もちろん、子どもをほったらかしてご飯もあげないようでは困りますが、現代ではむしろ面倒を見すぎるほうが心配です。それに、親が子どものためにできることはそんなにないですよ。

僕は毎日、病院でたくさんの親子に接していますが、自宅で母親と2人だけで育っている子どもよりも、保育所に行っている子どもの方が元気ですね。おうちで育っている子はとても行儀がいい。「先生、おはようございます」なんていいますけれど、どことなく精気がないことが多い。保育所の子どもは僕の髪の毛をひっぱたりして、イキがいい感じです。大勢の子どもの中で、突き飛ばされたり、ものをとられたりして鍛えられるのでしょうし、保育所の先生を通して親とは違う価値観を持っている大人がいることを教えられますから、それだけタフなのではないでしょうか。

その意味で、保育所や学童保育に行くのはいいと思いますね。子どもが自分の親とだけつきあうのではなく、保育所や幼稚園の先生や学校の先生、友達の親といった、自分の親以外のいろいろな大人に接した方がいい。

親が不安な理由

――共働きの夫婦は、子どもと接する時間がないからスキンシップが足りないとか、子どもに寂しい気持ちを味わせているのではないか、などと、不安や焦《あせ》りを感じていませんか？

僕はむしろ、いまの親の不安を大きくしているのは、専門家、特に医者や教育者、心理学者、そしてその人たちを使って「育児の指導をしてあげましょう」としている国の姿勢があまりに強すぎるからだと思います。妊娠すればすぐに母親教室、生まれたら訪問指導、健康診断、育児指導があります。そこで「こうしてはいけません」「ああしてください」「こうしなければだめじゃないか」「太りすぎだ」「この子は自閉的だ」といったことをいわれる。そういう情報がマスコミも含めて、しょっちゅういわれ続けている。それで不安で不安でたまらなくなる。可哀想ですよ。

最近の親は育児力が衰微《すいび》したというようなことをいう人がいますが、そんなことはない。僕はいまの母親も父親もとてもよくやっていると思っています。昔の親は何人もの子どもを育てて偉かったといいますが、昔は家や近所に人手がいっぱいいたし、子どもをほったらかしでよかった。それでも誰からも「ああしなさい」「こうしなさい」とはいわれなかった。大家族だからおじいちゃんやおばあちゃん、おじさんやおばさんもいるし、近所の人も見てくれるから、10人生んでもなんとかやってこれた。特に戦前はほとんどが農村社会ですから、母親はおっぱいをあげるだけで、あとは野良仕事をしていました。子どもの面倒なんかほとんど見ない。だから、いまにくらべて特別に育児力があったわけではないんです。

子どもを育てるには少なくとも一人は稼がなくてはならないから、現代ではもう一人が子どもの面倒をつきっきりでみています。子育てのほとんどを一人に負わせているから、トイレにも落ち着いて入れない。大変です。いまの親は、そういう状況でよくやっています。本当に感心します。そこを見ないで、専門家や国家が個人の家庭生活にまでやかましく干渉しすぎですよ。

親の性分と生活事情でしか子育てはできない

――そうすると、何を頼りにすればいいのでしょうか？

僕が子育てについていつも言っているのは二つのことです。

一つは、子育ては親の「性分《しょうぶん》」でしかできないということ。

たとえば、きちんとやりたい人に「もっと手を抜いてやりなさい」といってもなかなかできないし、逆に、几《き》帳面《ちょうめん》じゃない人に「もっとちゃんとやりなさい」といっても難しい。

僕は子煩悩《ぼんのう》でしたが、僕のかみさんはスパルタ式でした。かみさんから僕は「あなた、もっと厳しくやらなければだめよ」とよく怒られたから、子どもに「ちゃんとやれよ」とはいったけれど、「言い方が生ぬるい」なんてさらに怒られました。でも、僕たちの性分が違っていたから、母親に叱られた子どもは僕のところに来て甘えられた。

子どもは「うちの母親はきついな、父親は甘ちゃんだな」などと思いながら親を好きになるものです。いつもきちんとして、保健婦さんからいわれたとおり、医者にいわれたとおりにやっているとどこか嘘くさい。嘘くさいと子どもは反抗します。

親は子どもから尊敬されるよりも、「カワイイ」と思われた方がいい。フーテンの寅《とら》さんはカワイイでしょう？　寅さんは人間的に至らないからカワイイ。きちんとした人はどこか嘘くさいものです。

僕がよくいっているもう一つは「生活事情」です。会社の業績が上がって収入が増えたときの子育てと、会社がつぶれたり首になったときの子育てでは、同じ親だって全然違います。経済事情も違いますし、それぞの地域の事情によっても子育ては違うはずです。だから、子育てはその事情に応じてやるしかない。

学校だって担任が変われば子どもの姿は変わります。学校に行くのがイヤだといっていた子どもが、担任が替わったらそそくさと行くようになることがある。そのくらい違う。まして、親によって子どもは違います。国や専門家の育児指導は、そういう違いを抜きにします。みんながみんな同じようにできるはずもない。「私はこういう子どもに育てたい」という個人の理想はあるでしょうが、理想的な子育てなんてあり得ないと僕は思います。

それなのに、子どもはこういうものだからこう育てたらいいと決めつけて、全国一律の指導をするのはおかしい。多くの育児論にも、親や先生、その他の状況によって子どもは違ってくるということが抜けています。「3歳までは……」というのも社会状況によって違いますよ。いまは親子がくっつきすぎているから、その弊害の方が多くなっています。

子育ては自分の性分と事情に応じてやっていればいい。専門家や国家の指導は「そういうこともあるかな」と話半分くらいに聞いて、いわれた通りにしようと思わない方がいい。

――しかし、専門家に言われるとなかなかそうもできません。

専門家や国家の指導は時代によってどんどん変わってきています。おっぱいの与え方にしても、去年までは1歳を過ぎたらおっぱいはやめなければならないといっていました。さすがにおかしいことがわかって、ようやくやめました。

専門家による育児指導の歴史は、専門家が親を苦しめてきた歴史です。明治以来、近代合理主義になり、科学を崇拝《すうはい》し始めてから親は子育てに苦しめられるようになったんです。赤ん坊がおっぱいを飲みたがって泣いていて、お母さんのおっぱいも張っているのに、夜中におっぱいをやっちゃいけないといったり、「添い寝は野蛮の風習なり」「アメリカのように別室に寝かせよ」なんてことを東大の小児科の教授がいった時代もありました。

離乳食は8か月からとか、どろどろのものから始めなさいというのもそうです。僕の子どもはどろどろのものを食べずに、米の飯から食べ始めました。そういう個人差を無視して、わーんと泣いてほしがっているのにまだ8か月じゃないからと離乳食をやらなかったりして、親も子どもも苦しんできました。僕はそういう歴史を知っているから、そんなことよりも、親がいいと思うことをやってみればいいといいたいんです。子どもがほしがっていれば食べさせればいい、食べなかったらやめればいいんです。

　何カロリー、何グラム、何度という方が科学と思ってしまうでしょうが、事実はもっと複雑ですよ。体温が38度といっても、脇の下を測った時点の体温がわかっただけのことです。同じ38度でも寒い38度と、ふわーっとした気持ちいいような38度もあるし、あちこちが痛い38度もある。そうした違いは38度という数字ではわかりません。38度あっても元気に遊び回っている子どももいるし、ぐたーっとしている子どももいます。それぞれの状態こそが大事なんです。

　ロンドン大学の研究では、体温測定よりも母親が子どもを抱いたときの感じの方がより正確に病状を反映しているという結果が出ています。医者を含めた専門家のいうことを鵜呑《うの》みにするのではなく、親が子どもを見、自分で感じる感覚を育てた方がいい。子育ては科学ではできませんし、合理的にはいきません。子育ては生活であり暮らしですから、暮らしとしてやっていくしかないんです。事実や生活体験を大事にすることこそが、僕は科学的な態度だと思います。「何か月になったらこうしなさい」というのは非科学です。本で読んだり、テレビで見たり、専門家から聞いたことをそのまま信じるのは非科学です。

　僕の病院に来るあるお母さんが、保健所の健康検診に3歳児の健康診断に行ったら「この子は言葉が遅い。言語が発達していない。あなたの愛情が足りません。もっと愛してあげなさい。もっと言葉がけをしてください」といわれてやってきました。そのお母さんはとても愛情の豊かな人で、よく話す人なので「これ以上、言葉がけをしなければいけないの!?」と嘆いていました。専門家は専門馬鹿のところがあって「言葉の遅れは言葉がけが足りない」という一般論だけで、その親を見ていないんですね。同じように、「38度になったら薬を飲ませろ」と体温だけで考える医者は科学的ではありませんよ。僕は生活の実際の体験で考えることが暮らしの科学ですし、生き物の科学だと思います。

　特に父親は、理論的に考えすぎて理屈に走りがちなので、もう少し感情や感覚や勘といったことを見直してほしいと思っています。

　子どもの調子がおかしくて、母親が直感で「これはただごとじゃない」と思っても、父親が「医者はどういった?　扁桃腺。じゃあいいんじゃないの」という感じで、専門家を頼り切っているところがある。その分、勘がにぶい。ところが、母親が直感で（これはおかしい?）と思ったときは当たることが多い。もちろん心配しすぎも多いですけれど、父親はもう少し感覚的なものを大事にした方がいいと思います。「どっか怪しいな」「これでいいのかな」という感じはとても大事だと思います。

「親の役割」なんてない

――子どもに対する母親の見方と父親の見方ではだいぶ違いがありますね。

このごろよく「親の役割」とか「父親の役割」という言い方をしますが、それはアメリカから入ってきた社会学の考え方で、英語でいうrole（役割）ですね。アメリカの実用主義の考え方では人間関係を役割で捉えますが、僕はそういう考え方は好きになれません。恋人は役割で恋人をやっているわけではなく、惚《ほ》れたからつきあっているわけでしょう。親だって、親になりたくてなっている場合もあれば、できちゃったから親になっている場合もある。いずれにしても、宿命として親になったわけです。

男女の間に子どもが割り込んでくれば、ぎくしゃくしたり、もたれたりして、それでも愛し合いながらやっていくわけです。子どもがかわいいから、気になるからおっぱいをあげたり、おしめを代えたり、鼻を拭いたり、ご飯を食べさせたりと面倒をみるわけです。あるいは、子どもがギャーギャー泣くからほっとけなくてやる、という場合もある。だから「母親の役割は？」とか「父親の役割とは？」と考えずに、子どもに対して自分がやりたいこと、やってあげたいことをやればいい。そういう自然な人間関係でいいと僕は思っているのです。

悲しいときは涙がでるし、イライラしたら八つ当たりもします。それなのに、母親の役割だから愛情豊かに子どもに接しなければいけない、というのでは苦しいですよ。特に家庭では子どもに四六時中見られていますから、無理をして繕《つくろ》っていれば、子どもは「お母さんはインチキだ」と見抜きます。もっと人間味を出していいんです。親は子どものために何か役割を果たさなければならないという意識をやめ、自然体でいると、子どもは「お母ちゃんはきびしいけど、お父ちゃんは甘いなあ」とか、「お母さんは優しいけれど、お父さんは素っ気ない」というふうに理解します。同じお母さんだって機嫌の良いときと悪いときもあるし、同じように散らかしても叱られたり叱られなかったり、いろいろ違う。そういうふうに人間にはいろいろな面があることが自然だから、役割で親をしようと思わない方がいい。そうじゃないとインチキくさい。

父親の場合でも同じ。「オレは父親だから厳然としていなければいけない」とか「大事なときはオレが出ていくぞ」と観念で考えないで、ありのままでいい。いろいろな人がいますから、みんなが同じような父親であろうというのは無理です。やはり、その人の性分と置かれた状況でやっていくのが一番いいんです。

そうやっていても、男と女は違いますから母親とは違う父親の味が自ずと出てくるはずです。赤ん坊でも、母親に抱かれたときと父親に抱かれたときの体の柔らかさや硬さ、大きさの違いを感じるでしょう。父親はヒゲでごわごわしていて、母親は肌がツルツルしています。匂いも違います。抱き方だって、強く抱いたり優しく抱いたりするし、感情にも当然違いがあるはずです。そういった男性らしさが子どもに自然に伝われば、結果的に父親としての役割を果たしたことになります。

——最近の父親はやさしいばかりで厳しさが足りないと言われますが……。

父親は子どもの存在や育児に関して、どこか座りの悪いところがあって、母親のようにはのめり込みにくい。女性は妊娠するとつわりがあったり、だるかったりするし、お産も大変です。生まれてからもおっぱいを飲ませるので、自分のお腹を痛めた子どもという感覚が幼児期から小学校低学年くらいまではかなり濃厚です。父親は身体の面で母親のような肉体的な一体感を持ちにくいし、「これは本当にオレの子か⁉」というような気持ちがどこかにあるものです。

父親は身体的、情緒的な一体感において母親にはかないません。だから、母親と子どもの関係に入り込みにくいし、疎外感を味わざるを得ない。いくら子煩悩《ぼんのう》でも、どこか醒《さ》めたところがあるのが父親ですから、どうしても子どもと「個対個」の関係になります。

子どもにしても、父親とはちょっと変わった人であったり、ペットやおもちゃに近い存在であったり、遊び友達のような個人的なつきあいの関係が基本で、母親とのとろけるような一体感は乏しいと思います。逆にいうと、だからこそ父親は、母親と子どもとの間にある情緒や身体的な一体感からある程度離れたところから、客観的に子どもを見られるわけです。つまり「自分の子どもだから」ではなく、「人間としてすべきではない」とか「こうしたほうが人としていい」ということを教えられる可能性がある。

誤解しないでほしいのは、それはいわゆる「社会規範」ではなく、実際に社会生活を送る上で、他人に迷惑をかけることといった、自分自身が社会生活を送る上で困ることを、自分の社会体験の実感をもって教えてあげやすいのが父親だということです。だから、父親は子どもとの一体感を求めるのではなく、客観的な立場で育児ができる立場を磨《みが》いた方がいいと思います。

僕は、父親は自分の仕事の苦労や失敗、悩みや喜びを、折りに触れてもっと子どもに話すといいと思っています。子どもが宿題をしなかったときに「しっかりやるんだぞ！」というばかりでなく、自分も仕事でやなれけばならなかったことをついついやらないで失敗した、というような話を聞かせてあげる。そのことで、子どもから軽んじられるようなことはないはずです。むしろ父親としての株があがるし、尊敬されます。そうした話には実感が籠《こ》もっているからです。

それから、たとえば、小学生の子どもがスーパーに行って万引きしたりすると、母親は泥棒になるんじゃないかと真っ青になっておろおろしがちですが、僕があちこちに講演に行ったときに聞いてみると、父親は一瞬（やった！）と思うことがあるようですね。万引きはもちろん悪いことですが、そういう出来心があることを認めた上で、ただ上から怒るだけでなく、「オレもしたことがあったけれど、やはりまずい」という言い方ができるのも父親ではないかと思いますね。

家庭の中だけでは育てられない時代

――今の親を悩ませていることは、他にも子どもの健康や食事など、いろいろありますね。

食事はこれまでずっと栄養のことばかりいわれてきましたが、日本では過剰なくらいですから、栄養よりは添加物などの食物の害の方を心配すべきです。できれば農薬や添加物、遺伝子組み換え食品、環境ホルモンといったことを心配した方がいい。自然界全体が汚染されているから、完全な自然食はありえないでしょうが、なるたけ害のないものを選ぶことが大事だと思います。

でもそれは個人レベルでは限界があります。見てもわからないし、表示されていないものもあるし、表示されていても意味がわからない。やはり、国のレベル、国際的な規制をしてもらわなければなりません。

１９６０年代から70年代にかけて一世を風靡《ふうび》したアメリカの小児科医・スポック博士は「現代では親は社会的な行動をしなければ親ではあり得ない。つまり、家庭の中だけできちんと育てようと思ってもできない」という意味のことをいっています。確かにイラクの親がいくら一生懸命に子育てをやっても、爆弾が落ちてくれば子どもは死んじゃいますから、戦争をなくさなければ子どもは守れない。これは極端かもしれませんが、食料品でも、国がきちんと規制をするように世論を起こしていくことが、いまの親の務めだと思います。医療も同じで、病気の心配よりも間違った医療によって子どもに与えられるマイナスを心配しなければならない時代になってしまいました。

食べ物については生活協同組合運動みたいなことをやれば、比較的安全な食品が手に入るわけですし、厚生労働省や役所にはインターネットを使った投書の窓口がありますから、何か疑問があればメールを送ってみるといい。一人一人が行政なり政府機関に意見をいう。それがある程度の数になれば世の中を変えることができます。

それから、タンパク質が何カロリーだとか、糖質がどうのというような分析的な科学で食品を考えてほしくないですね。栄養は一人一人違いますから、子どもがいくらたくさん食べても、太りすぎずに元気であればそれでいいし、一生懸命に食事を気をつけていても、あまりに太ってきたらなんとかしなければいけない。計算上では栄養が足りなくても、子どもの様子を見ていれば食べ過ぎか足りないかはわかります。現実の子どもを見ていて調整すればいい。栄養学は無視できませんけれど、人間には相当幅がありますから、あまりひきずられない方がいいと思います。

というのは、食べた量では栄養はわからないからです。同じ量を食べても、子どもによって分解される異化（物質代謝において化学的に複雑な構造を単純な物質に分解する反応）率が違うし、消化率が違うし、胃腸の壁から吸収される吸収率も違います。タンパク質なら人間の細胞に同化する同化率も違う。つまり、身に付き方が違うわけです。消化と吸収にはいろいろなプロセスがあって、いろいろなファクターがかかわりますから、食べた分量だけでは栄養はわかりませんし、さらに消費する量とも関係しています。

要するに、これだけのタンパク質をとりなさい、何カロリーをとりなさいというのは、一人一人が違うことを無視しているんです。小食であろうと、大食だろうと、まあまあ普通の体格で、普通に元気に育っていればそれでいい。大切なのは、子どもの事実を見ることです。それは共働きだろうと、そうでなかろうと変わりませんよ。

共働きの子育て、父親の子育て

子育てに「家族サービス」はいらない!?

休みの日に家にいると、
なんとなく居心地の悪いお父さんはいませんか？
母親べったりの子どもに、気後れを感じてはいませんか？
せめて休日だけは……と、どこかに出かけるかと思えば、
疲れたからと昼間からテレビを見て寝ていませんか？
家庭の中でお父さんはどうあればいいのでしょうか——？

吉良創さん（南沢シュタイナー子ども園教師）

きらはじめ

1962年東京生まれ。自由学園卒業。88年から92年までドイツに留学。ヴィッテンのヴァルドルフ幼稚園ゼミナール教師養成ゼミナール修了後、シュタイナー教育の音楽教育、ライアー演奏を学ぶ。95年の開園時より南沢シュタイナー子ども園（東京都東久留米市）のクラス担任と役員を続ける一方ライアーの指導・演奏も行っている。12歳と7歳の娘の父親。著書に「シュタイナー教育　おもちゃと遊び」、「シュタイナー教育の音と音楽　」、「シュタイナー教育のまなざし」（共に学研）がある。

幼児には「女性的」に接する

私はシュタイナーこども園でクラスの担任をしている男性の幼児教育者ですが、子どもに接する際に、自分が男性であることを意識することはほとんどありません。幼児期の子どものこの時期の大きな課題の一つは、「人間であることを人間を通して学んでいくこと」で、私は一人の人間として、幼児期の人間である子どもたちに接しています。また、一人一人の子どもにケース・バイ・ケースに対応していくことはもちろん重要ですが、その際、男の子だから、女の子だからとい

う視点で見たり、男の子と女の子をグループ分けして保育をすることはありません。幼児期の子どももももちろん男女の差はありますが、性別による違いよりも、幼児としての性質の方を強く持っています。ですから大人の人間として、幼児期の人間に接する、という姿勢がたいせつなのです。これは教師であれ親であれ、幼児に接する大人すべてに共通なことだと思います。

もちろん人間である以上、男であったり女であったりします。そしてそこには大きな違いもあります。胎児を胎内で育てるのはお母さんですし、出産し、母乳をあげることは、お父さんにはまったくできないことです。そこには歴然とした大きな違いがあります。当然子どものほうからも母親に対しての特別な結びつきがあるわけです。この領域ではお父さんはお母さんに太刀打《たちう》ちできません。

しかし、おむつを替えたり、お風呂に入れたり、とその後始まる子どもの世話は、男性だからできないことでも、女性でしかできないことでもありません。赤ちゃんも、もちろん女の子あるいは男の子なのですが、性別による特徴よりも赤ちゃんとしての特徴の方が大きく、この時期の人間に、一人の親として、教師として、人間として接するのです。

現実の子どもを取り巻く生活を見てみると、現在の日本の社会状況の中では、多くのお父さんは外に仕事に行き、お母さんが家にいて子どもの世話や家事をしています。しかし男性だから稼ぎに出なければならないのではなく、女性だから家にいなければならないのではありませんし、そうでない家庭もたくさんあり、共働きの家庭も多くあります。現実問題として、この世の中で生きていく以上、それが経済的に支えられなければなりませんから、誰かが仕事をして稼ぐ必要があります。また、子どもの世話や家の仕事も誰かがする必要があります。家庭の中での役割分担として、誰かが生活を支えるためのお金を稼ぐ仕事をし、誰かが家を守る仕事をするというように考えるとどうでしょうか。この意味で最初にあげたような、妊娠、出産にかかわるような女性でしかできないことをのぞいては、男性でも女性でも、一人の人間として、仕事をする、子どもの世話をする、家事をするといった意識が必要に思います。

しかし男性と女性には違いがあるのも事実です。骨格や筋肉などの身体は男性の方が強く、寿命からもわかるように生命力は女性の方が強い。また、女性が感情の領域がとても豊かなのに対して、男性は意識的にものごとを考えたり認識することが得意である。というようなことはよく言われますし、生活の中で実感することもあるでしょう。しかし、個人による違いがあり、男だから女からと、このような観点で漠然とくくることができないというのも事実です。そこで、男性と女性と考えるのをやめて、一人の人間の中に女性的な面と、男性的な面があるととらえてみるとどうでしょうか。身体の領域と精神生活の領域を男性的な面、生命の領域と感情の営みの領域を女性的な面ととらえるのです。このように見てみると、男性でも女性的な面の強い人もいるし、女性でも男性的な面が強い人がいることに気がつきます。

この観点から、幼児に接する私たち大人が、自分の中のどの面を使ったらよいかを考えてみましょう。

女性的な面とは?

幼児期の子どもに接するときには、もちろん身体も意識といった男性的な面も必要なのですが、それよりも幼児に働きかけるのは、私たちの生命力や感情の営みといった女性的な側面です。私たち大人が活き活きと生活しているとき、子どもはそこから力をもらい、幼児期の子どものこの時期のもっとも大きな課題である「身体をつくり育てる」ことが健やかに行われていきます。生活に繰り返しのリズムがあって、そのなかで「いつもの」生活がのんびり過ぎていくのと、意識的に覚醒するような知的な言葉かけやアプローチのなかで生活するのでは、幼児の生活も成長発達も変わってしまいます。季節のリズムと結びついた、自然と結びついた、そして大人の生命力や生き方と結びついた生活が成長する子どもにより深く働きかけます。

生活のリズムやその繰り返しは、意識的に毎回違うことをするのとは違い、習慣のように無意識に繰り返していくことによって生まれます。そしてそこには人間の中の女性的な面である生命力が活発に動き始めるのです。ですからお父さんも幼児に接するときには、この女性的な面が大切なのです。

もう少し広く女性的な面と男性的な面について見てみましょう。これは一人の人間の中にある、母性と父性という言い方もできると思います。

ここでいう「女性的な」面の特徴として、優劣をつけずに、すべてを受け入れるということがあげられます。たとえば、いつも他の子と比べて叱ったり、ルールが守れなかったといってただ怒るのではなく、そうしたことがあったとしても、まずはその子の全体を「よしよし」と受けとめられる雰囲気を持つことです。

特に幼児の場合は、親が根本のところで「それでいいんだよ」という受け止め方を持っていることが重要で、それが人間の中の「女性的な」側面なのです。

仕事においては、誰かとある程度の葛藤《かっとう》があったとしても、お互いに仕事と言うことで意識の領域でほとんどのことが処理できます。しかし、子どもとの付きあいはそういった割り切りができない世界です。考えた通りにはいきません。だから、割り切れなさも含めて全体を受け入れる態度、「いい」「悪い」ではなく子ども全部とつきあうことがどうしても必要になります。そうした態度が「女性的な」ことの意味です。「聖書」の中にはしばしば「マリアはそれについて思いめぐらせていた」といった記述がありますが、物事についてすぐに「よかった」「悪かった」と判断を下すのではなく、まずはまるごと受けとめて「思いめぐらせる」。マリアは人間の魂の象徴と考えられていますが、それは、こうしたあり方が「女性的な」ものの根本にあるからだと思います。

子どものすべてを受け入れていくと、約束やルールが守れないわがまま放題の子どもになってしまいそうですが、それは違います。「女性的な」雰囲気の中で育ち、それを感覚的に理解しながら育った子どもこそが、少し大きくなってルールを教えられるとちゃんと理解できるようになるのです。人間の中の母性的なものの上に規則や約束を守るといった父性的なものを育てることで、はじめて規則や約束が理解できるのであって、逆ではありません。

つまり、「女性的な」雰囲気を持たなかった子どもは、大きくなってから「これは規則だからこうしなきゃいけないよ」と言われても理解できません。約束やルールが守れない人は、幼児期に「女性的な」もの「母性的な」ものの中にいなかった人です。

シュタイナー教育というと、幼稚園で使っている人形やおもちゃを真似て、「こうしなければシュタイナー教育ではない」とか「シュタイナー幼稚園と同じように全部やろう」と思って実行することがありますが、「女性的な」もの――つまり、まず子どもをまるごと受け入れる雰囲気も持ちあわせていなければ、子どももお母さんも苦しくなるばかりということが起こる可能性があります。シュタイナーの幼児教育で大切なのは、何かを買うことでも、どこかに行くことでもなく、こうした雰囲気をしっかり作ってあげることです。

お父さんが見るわが子の姿

幼児のすべてを受け入れるといっても、盲目的になってもいけません。その子をその子としてちゃんと見てあげる視点が必要です。

お母さんはいつも子どもといます。ある意味で一体化していますから、子どもがいま何を欲しているかを直感的、本能的にわかることができます。その代わり、自分の子どもを客観的に見ることはなかなか難しいものです。それに対して、仕事に行っているお父さんは、子どもと接する時間は少ないですし、ひょっとしたら何日も会わないことがあるかもしれません。しかし、離れているからこそ子どもが見えるということがあるのです。お父さんが週末に子どもに会い、お父さんの観点からしっかり子どもを見ることができれば、お母さんと異った視点で子どもの成長発達や変化について、気がつける可能性があります。

そして、お父さんが気づいたことをお母さんと話す。あるいはお父さんがいない間にどういうことがあったかお母さんから聞く。二人のもとにやって来た子どもを育てていくということは、夫婦の共同の作業であり、使命です。それをいかにやっていくかというときには、こうした共同作業が必要だと思います。

お父さんが働きに行くのは母子の生活を支えるという目的がありますが、家のことをお母さんが支えてくれているから働きに行けるともいえるわけです。ちがう役割を担いながら生活全体としては一つの共同作業になっているわけです。

ですからお母さんは、お父さんが会社に行っていないときにも「いない人」にしないようにして欲しいと思います。たとえば、洗濯物をたたむときに子どもに「これはお父さんのシャツね」と声をかけたり、買物に行ったときに「お父さん好きだから買っておいてあげましょう」とか「お父さんが好きだから残しておいてあげましょう」というように、母子だけの生活でも、会話の中で少しでもお父さんの存在があるようにすると、父子の関係に大きな影響があると思います。

逆にお父さんも、仕事のちょっとした休みのときに「いまどうしているかな……」と思うくらいのことがあってもいいでしょう。たわいのないことかもしれませんが、ちょっとしたことの積み重ねによって、どこかで通じ合える道がつくのではないかと思うのです。

育児に関して具体的に何もしていないお父さんは、どこか後ろめたいかもしれませんが、生活を健全に行うために必要な収入を得る仕事をし、支えているというのも重要な役割ですから、そこはきちんとやっていることを意識してもいいと思います。お母さんたちも「仕事へ行って家のことは全然してない」というのではなく、「お父さんが働いているから」ということを意識していいし、もう少し感謝していいと思います。なぜなら、夫婦のどちらが上とか下とかではなく、お互いの役割分担だからです。

家の中に普通にお父さんがいる

子どもが乳幼児期を過ぎ、少し大きくなってくると、お父さんはしばしば自分の趣味の世界に子どもに引き込もうとします。そうでなければ、子どものために何かしようと思って、ショッピングセンターや遊園地に連れて行こうとします。しかし、そこには自分の子どもを見て「いま、この子にはこういうことが必要だから」という観点が欠けています。お父さんは父さんの目で子どもを見て、いま、子どもは成長発達の段階のどこにいて、何を必要としているか、それに対して自分は何ができるかという観点が必要です。

幼児期の子どもは「身体をつくる」ことが大切なテーマですが、同時に「人間であることを模倣を通して学ぶ」ことも非常に大きな課題です。馬や牛の子どもと違い、ヒトは生まれてすぐに「人間」になるではなく、少しずつ「人間」になっていかなければいけない存在です。まわりにある人間の営みの真似をすることで、子どもは学んでいくわけですから、人間の営みが子どものまわりに普通にあることが重要になります。

たとえば、お父さんが掃除したり、料理をしたりする。あるいは、家の中の壊れたところの修理をしたり、車を洗ったりするということが大切なのです。そうした普通のことを楽しそうにやっていると、子どもはお父さんの傍《かたわ》らに来て真似をするでしょう。そしたら一緒に取り組む、そういう姿が理想的です。

私が知っているあるお父さんは仕事が忙しく、出張ばかりで平日はほとんど家に帰れません。でも、ワインが大好きで、料理も好きなので、家に帰れる土曜の夕食は飲みたいワインに合わせて、お父さんが料理をつくります。そのときに、必ずふたりの息子に手伝わせています。子どももお父さんと一緒につくった料理をおいしく食べるのだそうです。たとえば、こういったことです。

お父さんが庭で野菜をつくるのにはまって一緒にやったり、パンを焼くのにはまるとか、蕎麦《そば》打ちをする、子どものおもちゃをつくってあげるのも、縄跳《なわと》びや竹馬を一緒にやるのもいいでしょう。「お父さんはちっちゃいときにこんなことやっていたんだよ」とやってみると、子どももそれに夢中になることがあります。そのようなことが小さな子どもにとってはとても大切なのです。もちろん子どもには完璧さを求めてはいけません。一緒にやって「ああ、おいしい」と一緒に食べる、「ああ、おもしろかった」と笑い合う、それで十分です。普通の暮らしに密着した何かを、お父さんと子どもが一緒に楽しくやるというのが一番いいのです。

「子どものために何かをやらなきゃいけない」というよりも、「子どもをよく見る」ことと「子どもの成長発達を少し知る」ことを一貫して意識していると、自分ができることの中で「何を子どもと一緒にできるか」が見つかるようになります。もちろん、そのために何か新しいことを始めてもいいですが、それよりも自分ができることの中で選べばいいわけです。

なんとなく居心地の悪い自宅

幼稚園や保育園の運動会やイベントに、ずいぶん多くのお父さんが参加するようになってきました。とてもいいことですが、そうしたイベントはやはり非日常です。そこでお父さんがやっているのは、ビデオ撮影だけだったりもします。それも悪くはありませんが、もっと日常のところで子どもと関わり、面白さが感じられればさらにいいと思います。

休日に家にいると、自分の家なのになんとなく居心地が悪く、子どもにもどう接していいかわからないというお父さんは案外多いものです。父親は子どもと母親の間に、入り込めないような感じになることもあります。お父さんは家に帰っても落ち着ける場所がないので、近所のゴルフの打ちっ放しに行ってみたり、本屋に行ってみたり、「じゃあ買い物にでも行くか」ということになったりしてしまいがちです。でも、お母さんが見る子どもの姿と、お父さんが見る子どもの姿との違いをふまえた、夫婦間のコミュニケーションがあれば、お父さんの居心地の悪さは改善しやすくなると思います。

また、普段、子どもをかまってあげない罪滅ぼしにと、「家庭サービス」といって遊園地やどこかに連れ出すということがありますが、子どものためにという意味でそういったことをする必要はないと私は考えています。

子どもと一緒にショッピングや遊園地へ行くと、お父さん自身も疲れます。大人が疲れるということは、子どもはそれ以上に疲れるのです。幼児と一緒にそういうところへ行くとしても1時間や2時間で充分なはずです。そこで1日中過ごしたら、次の日には子どもに必ずしわ寄せがきます。

もしも「今日はどこかへ出かける」と決めたのなら

ば、その分、次の日はいかにのんびり過ごさせるかというフォローにまで意識をして欲しいものです。次の日に子どもが調子が悪かったとしても、「これは昨日のせいだ」と大目に見て受け入れられるような意識を夫婦で持てればいいのですが、翌日、何か失敗したからといって怒るのでは子どもがかわいそうです。

休日だからといって「何かしなければ」でも、テレビを見るだけでも、昼間から寝ているのでもなく、子どもの日常のあたり前の生活のなかにお父さんが普通にいる。そういう自分であることの大切さに気がつけるかどうかです。そうした気持ちを持って家の中を見てみると、ここをちょっと片づけようとか、ここをこうしたい、と意外にやることがみつかるものです。

お父さんが家にいるということ、子どもの前にいるということはあたり前のことですから、子どもにお伺い立てる必要もありません。そうではなく、お父さんが「今この子に何が必要か」という意識をもって、それを察知できるようになることが重要なのです。

子どもの面白さを発見するきっかけ

幼児期にお父さんが子どもと人間としての関わり方をしているかどうかは、子どもが小学校に入り、9歳を過ぎ、だんだんお父さんをクールに見はじめたり、さらに大きくなって思春期くらいになったときに大切になります。それまでに何もやっていなかったお父さんは相手にされません。そのときになって関係をどうこうしようともがいても、かなり難しいことになるはずです。しかし、それまでの蓄積があれば、子どもからクールにいろいろ言われても、きちんとしたコンタクトのとれる関係が可能になると思います。

何から始めればいいのかわからなければ、とにかく何でもいいからやってみることです。それに対して子どもがどう反応するかとか、そこの関わりをちゃんと見ていくと、「ああやったら子どもがこうした」とか、「こんなこと言った」とか、そういうささいなことで面白がれたり、興味がもてたりするものです。それは「次は何をしようか」いうきっかけになると思います。

散歩に行ったり、公園での遊びにちょっと付きあってみると、いつも昼間はどんな感じで遊んでいるのかがわかるかもしれません。「こんなこともできるんだ」「これはまだできないんだ」ということに気づくかもしれません。

そうしたいろいろなことが、子どもと接するなかでわかってくる。そこから面白みが感じられるのではないかと思います。

※この原稿は吉良創さんのお話を編集部でまとめ、吉良さんにチェックしていただきました。

子どもの心を肯定する関係づくり

――父性的なものと母性的なもの

佐々木正美さん（児童精神科医）

家庭の中で母親のやることと父親のやることは、お互いの話し合いによって決めたり、なんとはなしのかけひきによって決まっていきます。
でも、親子関係がうまく行くと、幼い子どももまたお母さんにやってほしいこと、お父さんにやってほしいことを自ら自然に選ぶようになるのです。
そこには、母性と父性と子どもの本質的なあり方があります。

ささきまさみ
1935年群馬県生まれ。精神科医。川崎医療福祉大学教授。30年以上にわたり、保育園、幼稚園、学校、児童相談所、養護施設、保健所など子どもの臨床にたずさわる。また、保育の現場で働く保母さんや幼稚園の先生方などとの勉強会をつづけている。

親の役割は子どもが決める

子どもをよく見ていると、お母さんにしてもらいたいことと、お父さんにしてもらいたいことを子どもなりに分けているように思います。

たとえば、母親と父親のどちらとお風呂に入ってもいいときに、昼間、ややつらいことがあったなと思うときには、「ママと入りたい」と母親を誘います。そして、風呂に入って遊ぼうと思っているときや、ややパワフルなときには「お父さんと入りたい」といいます。

夜、寝ようというときにも、昼間ちょっとつらいことがあったりすると母親に慰められて休みたいという感情をもちます。小さな子どもならベッドサイドにいて欲しいとか、添い寝をしてほしいという気持ちをもったりします。しかし、父親にはそうした感情はもたないのです。

子どもが母性に何を期待し、父性に

何を期待しているかという定義はできなくても、子どもは自然とお母さんにはこんなことをしてもらいたい、お父さんにはこういうことをしてもらいたいという役割を微妙に、あるいは明確に期待しているのでしょう。これは重要なことだと思います。

母性と父性について一言でいうと、母性的なことというのは子どものいうことをよく聞いてあげること、子どもの希望を受け入れてあげることです。そして、父性的なことはこちらのいうことを相手に聞いてもらう、あるいは聞かせるということです。「こうしてはいけない」「こうしなければいけない」という、ある意味でのしつけです。

堅苦しく母性、父性を定義する必要はないと思いますが、父親も母親も子どもが望んでいることはどういうことかということを感じ、それに応えてあげる。そうすると子ども自身が父親にはこうして欲しい、母親にはこうして欲しいと選びます。その選び方の違いが母性と父性だと思います。

子どもが親に対して、そうした役割分けを自然にするようになり、親がその役割を無理なく自然にやれるために一番大切なのは、夫婦がお互いにお互いを大切にしあっていることです。大げさにいうと、互いに尊重し合っている、共感し合っていることです。お互いがそう認識し合っているときは子どもの希望や欲求に、自然に、上手に、微妙にあるいは大いに、それぞれの役割ができていきます。

私はカウンセリングや相談会、保護者や保育者の勉強会によく行きますが、そこでしみじみ思うのは、夫婦がお互いにお互いを共感し合っていない、あるいは尊重し合っていない、納得し合っていない場合は、うまくいっていないことが多いということです。

夫が妻に、妻が夫に不満が大きければ大きいほど、そのはけ口は生活全般に向かいます。当然、育児にも向かいます。親は自らの感情を子どもへの要求や期待としてぶつけることが多くなり、子どもは親に対するある種の信頼感を損《そこ》なっていきます。そうなればなるほど、子どもは親の期待通りの行動をとりにくくなっていき、屈折します。そして、父親が子どもに何を要求しているか、母親は何を要求しているかということがだんだん見えなくなり、さらに親は要求を強く押しつける形になってしまいます。

私は、育児の原則はまず子どもの要求に応えてあげることで、親の教育観や育児姿勢はその上にくるものだと思っています。ですから、子どもの要求に基本的なところで応えられていないときには、親の希望や育児理念、哲学や方針は子どもに伝わりません。それなのに、親は自分の要求を子どもにするので、余計にいらだつことになってしまいます。

ところが、本当に不思議なことですが、夫婦がお互いにお互いを尊重し合い、共感し合っていると、子どもの要望に上手に添った育児ができるのです。その添い方も、夫婦が役割の分担を決めるのではなく、子どもの期待に添っていくと自然にお母さんはお母さんらしく、お父さんはお父さんらしく、それぞれの個性や能力や素質のままに微妙に「母性的」「父性的」と呼びたいものが表現されてくるのです。母性と父性の役割分担は親が決めるだけでなく、子どもも決めてくるところがあります。それに無理なく応えられるのが私は一番いいと思っています。

子どもといることを幸福と感じられないのは？

よい親子関係を考える場合には、もう一つ、育児、親子関係は親自身のいろいろな人間関係の総和が子どもに向かうという面も考えてみるとよいと思います。

私たちは普通、近隣とのつきあいや、自分の両親や兄弟姉妹、配偶者の両親や兄弟姉妹とのつきあい、仕事上の知人や学生時代の友人といった、いろいろな人間関係を持っています。そうした人間関係の中で、波長の合う人とは濃厚なつきあいをし、合わない人とはほどほどに、しかし相手の尊厳を害さない程度のつきあいをするという取捨選択をしながら、日々生きています。ある人とは深くつきあいたい、ある人とはほどほどで済ませておきたいと思う、そうした人間関係を通して、私たちは人間関係の調和の仕方を学びます。そして、そういう経験を通していつの間にか修練された人間関係の調和の仕方が、幼いわが子との関係にも向けられるのです。

そして、その取捨選択が一定量なければ、私たちは人と調和して生きる生き方が自分の中に備えられません。大人との関係においてもそうですし、赤ちゃんであっても同じです。

たとえば、人間関係がほとんどない状態で育児をしている人は、人間関係が不器用なだけでなく、親子関係も難しいことが多いものです。近隣とも関係がない、実家ともあまり交際しない、勤めにも出ていない、自分だけでアパートやマンションにいる。そういった状態で子どもにうまく対応できている親はまずいないと思います。

さらにいえば、子どもとの関係は、親が成長する過程で人と調和することの喜びを経験しているかどうかが大切になります。いろいろな人間との関係のおもしろさ、楽しさ、くつろぎの体験、つまり人間関係の中の居心地《いごこち》のよさをいくつも体験していないと、子どもと一緒にいることが居心地良くならない、子どもといることに幸福を感じられないのです。それは「子どもを愛せない」という言葉の裏返しです。

わが子といることが幸福に思える、そこにくつろぎを見いだせるには、育児をしている親が、そういう経験をほかの人との関係において持っていることが必要なのです。自分が幼少期からどういう人とどんな人間関係を持ちながら生きてきたかということの続きが、自分と自分の子どもとの関係なのです。

子どもは、どんなことがあっても自分と一緒にいることが幸せだと思ってくれる人に育てられたがっています。

自分と一緒にいることが幸福だと感じてくれる人が、自分を育ててくれることがうれしいのです。親であろうとなかろうと、そういうふうに思ってくれている何人もの人に育てられるのが子どもにとっては一番いいことです。

私がもっとも憂《うれ》えているのは、最近、子どもといることに幸福を感じられない人が増えてきていることです。それは、自分の成長過程において、人間関係の喜びやつらさを味わっていない人が増えてきているということだともいえます。そういう人がだんだん増えてきたのは、日本人全体の傾向として、人間関係を避けて一人で楽しむ傾向が強くなってきたことがあると思います。

別の言い方をすれば、自分の親や祖父母、学校の友達や先生も含めて、自分と一緒にいることを幸福に感じてくれた人があまりいなかったということです。

そういう場合でも、夫婦の仲が本当に良ければ大いに救われますが、しかしまた、夫婦の仲の良さだけでは足りないのも事実です。夫婦だけの関係はいずれ薄らいでいきます。よほど強い絆《きずな》があったり、夫婦が互いに深い関係であれば破綻《はたん》は小さいと思いますが、それだけではやはり難しいのです。

親子関係はいろいろな人間関係の応用編ですから、人と調和する体験を持たなかったという人は、自分がそうであったことを自覚し、子どもに向かい合うのと同時に、昔の友人や新しい友人を作ることや、新しい人間関係を作っていくことを考えていくようにした方がいいでしょう。

どうしてもそれを求められない人は、カウンセラーや育児支援者を必要とすることになるわけですが、育児支援というのは子どもを引き取って面倒をみたりしていても、結局は親の支援なのです。より重要なのは、預けに来たお母さんやお父さんを支援することです。と言っても、家事の手伝いに行くわけではなく、その人と共感できる交わりをする、この人なら心を割って話ができる、いろいろおしゃべりができるということです。単純に言えば、相手が愚痴《ぐち》と自慢話ができるような関係がもてたらそれでいいのです。それは心を開いたということだからです。

「よい子育て」をするためには、あなた自身のくつろいだ、心地よい人間関係が、親子の関係のほかにも必要です。それはまず夫婦の関係であり、友人との関係である考えていくようにするといいのではないでしょうか。私は、幼稚園や保育園に子どもが入ったら、そこに通わせているほかの保護者で気心が合いそうな人とは親しくすることをお勧めしています。

どちらかの実家の両親や自分たちの兄弟の家、近隣など、夫婦以外にも親しい人がいるということ、ある意味では家族ぐるみでおつきあいがくつろいでできるそういう力――私はあえてこれを「力」と呼びたいのですが――を持っている人は、育児をする力が大きな人です。

そういうことが、すっとできる人となかなかできない人がいますが、近隣の人と顔を合わせたら自然に声を掛け合うとか、立ち話ができる、お茶でも飲みに行き会ったりするように、いろいろな人との関係が広がっていく人は育児が上手です。自分の話を他人と分かち合える人は、子どもの気持ちを自然に組み取れる人になっていきます。

大切なのは人間関係の質と量

アメリカのハリー・スタック・サリヴァンという精神科医は「人間一人一人の存在の意味や価値は人間関係の中にある、あるいは人間関係の中にしかない」と断定しました。これは実に意味深い言葉だと思います。

人との関係を持つことは、他者を肯定しながら他者に肯定されることです。お互いに相互に尊重し合う、肯定し合うのが人間関係です。人間は自分で自分を単純に自己肯定できなくて、他者からの肯定のされ方によって自己肯定感、自尊感情が育つのです。家庭に閉じこもっている人は人間関係がないわけですから、そこが最大の問題なのです。

私は保育園の保育士との勉強会を毎週に2～3回、ずっと続けていますが、いかにいまの子どもたちが不安定になっているか、家庭の中の育てられ方の質が低下してきたかを実感しています。それは外に働きに行く人が増えたから質が落ちたということではなく、私たちが人間関係を粗末にするようになったから質が落ちたのです。

最近の子どもたちは幼稚園や保育園に来ると保育者を奪い合っています。自分一人の保育者になって欲しいのです。子どもたちが家庭の中で「自分だけのお母さん」「自分だけのお父さん」という実感をもてていないからです。

しかし、私は親が毎日長時間、子どもの面倒をみなくてはならないとは思いません。親子で過ごす時間の長さに関わりなく、質が悪ければ、子どもは保育士との一対一の関係を強烈に求めます。そういう子どもが増えているのです。

子どもと長時間いることよりは、子どもを夕方引き取って、お風呂に入れてご飯を食べさせて寝かしつける、その時間を大切に過ごしていれば、子どもは翌日また幼稚園や保育園に預けられても「私のお母さん、私のお父さんはこういう人なんだ」という深い安心感がもてるはずです。

人間の精神衛生は人間関係の質と量によって決まります。外で働いている人は家に閉じこもっている人よりもはるかに人間関係の機会が多いわけですから、それがその人の精神衛生をよくしているということはあると思います。でも、外に出ていても、休日はできれば近隣の人や、子どもが行っている幼稚園や保育園のほかの保護者との人間関係を大切にしなければ、自分を大切にできませんし、自分と子どもとの関係も大切にはできません。親が個人として自分の友人、会社の同僚、近隣の人たちとの関係を大切にしているかどうかが、子どもとの関係の質を決めるのです。

人間関係において、共働きは専業主婦よりはましだと思っていると、その犠牲は子どもが負ってしまうことになりかねません。また、専業主婦だからといって、すぐに人間関係の質と量が不足するとはいえないでしょう。

子どもがうまく育てられているかどうかは、両親が共働きをしているから、あるいは専業主婦だからではなく、人間関係の量が不足しているどうかの方がはるかに重要なのです。

「えこひいき」のススメ

私は、人間には「えこひいき」をされて力強くなっていく面があると考えています。

恋愛をしているときは誰でも、相手をすごく「えこひいき」しています。長所だけを見たり、短所さえも長所だと思ってしまい、後からどうしてあんなふうに見えたんだろうと思ったりするわけです。顔も見たくないと思う人にどうしてあんなに夢中になれたんだろうと思うことが人間にはあります。

夫婦がうまくいっているときは、お互いに「えこひいき」をしあっているわけです。人はいつも誰かに「えこひいき」されていることで健全でいられる面があるのです。

家庭がくつろいでいられるのは、そこが自分を「えこひいき」してくれる場所だからかもしれません。子どもにはそういう「えこひいき」をずっとともってあげて欲しいと思います。

2004年の6月1日、佐世保で少女の不幸な事件がありました。そして、6月3日に児童相談所を通じて加害児の保護者のコメントが出ました。

「あの子は問題なく育った子でした。がんばりやで忍耐強い子でした。学業成績もよかったんです。ただ優柔不断な子どもに見えました。ノーといえない内向的な子に見えました」。

これは私には忘れられない言葉です。親にノーといえない子どもとは何でしょうか。親が聞く姿勢がなかったからでしょう。あるいは親がノーといいたくなるようなことを子どもがいったり、やったりしたら、とても不快な顔をしたか、叱ったことがあったのでしょう。

親にノーといえない子どもはどこでノーといえばいいのでしょうか。結果として、子どもは自分で自分を否定しなければなりません。人間は自己肯定観のある人ほど他者も肯定しやすく、自己肯定観のない人ほど、他者を否定するものです。

　自分が肯定されながら育つということは、「あなたはどうしてほしいのだ」ということを問いかけられながら育つことです。それによって子どもの中にはもっとも自己肯定観が生まれやすくなります。他者との交わりの一番大きな意味は、自分を肯定することです。それは他者を肯定しながら育てられることであり、それが子どもに自己肯定観を与えるのです。親にノーといえなかった子どもはどこで自己肯定観を育てることができたでしょうか。

　自己肯定観がない人は他人を肯定しませんし、社会のルールを肯定できるはずがありません。

　自己肯定観を育てる基本は「子どものいうことをよく聞いてあげること、子どもの希望を受け入れてあげること」だと思います。そして、その役割を第一に担うのはお母さんだと思います。けれどそれをお母さんができるには、お母さん自身が夫から肯定されているという強い自信、信頼感をもっていなければならないと思います。理想的な母親でなくてもいい、まあまあいいお母さんであればいい。それには、夫の協力がなければなりません。お母さんがもしも母性的なものをゆっくり十分に発揮できないとしたら、それはお父さんの責任です。

命を与えられた者にとって

　「共働き」というと、両親が共に外で働いていることを指すことが多いかもしれませんが、家庭の中の仕事を母親がしていて、父親が家庭の外の仕事をしているのも共働きだと、私ははっきりと思っています。会社に勤めて俸給をもらう共働きであるかどうかは別として、夫婦は共働きが基本的だと思います。

　私の家内は基本的には主婦でした。そして、私の両親が亡くなるのを見送ってくれました。それから、家内の父親も亡くなり、いまは95歳の母親の介護をしています。3人の息子も育て上げました。しかも、嫌ではなくかなり誇りをもってやっていました。人生のなすべきことをきちんとやってきた人として私は非常に尊重していますし、たいしたものだと思っています。立派な半生を送ったと思っています。私は

共働きの子育て、父親の子育て

主婦の仕事が楽だと思ったことは本当にありません。

私も私なりに育児にも協力しましたし、自分の両親を見送るのにも協力したつもりです。いまも時間があれば95歳の義母のもとに向かいます。私たちはお互いに協力して、それぞれの両親を見送り、3人の子どもを育てました。これで私たちは自分たちの任務を終えたと思っています。

命を与えられた者にとって一番大切なのは、まずは自分の命を大切にすることです。それから、過去を生きてきた人の命を大切にすること、そして次の世代を生きようとしている命を大切にすることでしょう。これ以上に価値のある仕事は絶対にないと私は思っています。

そして、私たちが「あの人は立派な仕事をされた」と価値を認める仕事は、結局このことにつながっているのだと思います。農薬の少ない農産物を作ってわれわれに提供する人を尊重します。環境のことを考えるのは、次の命のことを考えるからです。すばらしい音楽を作る人を尊敬するのは、いま生きている人の命を大切にしているからでしょう。

あるいは、そんなにたいそうなことをいわなくて、日々、淡々と生きている人でも、自分の命を大切に生き、周りの人の命、次世代の命を大切にすることにつながる仕事をしている人に、私たちは価値を認めるわけです。

私は私の家内はそれを黙々とやったと思います。

そして、家内がそれに専念し、安心して打ち込むために必要な生活費や教育費を稼ぐために、私も働いて来ました。空いた時間には子どもたちと私たちの両親と向かいあってきました。

黙々と外で働いている時間に、自分の子どもや親を施設で見てもらい、それを維持するための税金を払う人はいます。それもいいでしょう。どうやるかは各自の自由だと思います。けれども、それを納得してできるためには、夫婦がお互いにお互いを承認し合っている、尊重し合っている。それから、互いに尊重し合い、承認し合う人間関係を他にももっている。そういうことしかないと私は思います。

すぐ目の前にある経済効果がどうのこうのということではないと思います。私は外で働いてお金を持って帰る。そういうことは家内は生み出してはいません。でも価値は同じです。お金の使い方という意味では、お金を守ってきた家内の方が優先するとはっきり思っています。だから、冗談半分に「我が家の大蔵大臣は家内だ」といいますが、本心からいっているのです。

我が家の家計は家内が回している。そこに大きな不足が生じないように一生懸命に働いてくるのは私の役割です。そのことに、お互いがお互いに誇りを持ち合っています。二人が外に働きにいこうが、そうでなかろうが、私たちには同じことだったろうと思っています。

※この原稿は佐々木正美さんのお話を編集部でまとめたものです。

共働きだからできる"夫婦で子育て"

高木紀子さん（臨床心理士）

**「もう1回結婚するとしたら今のパートナーを選ぶかどうか」という質問に、夫婦ともが「はい」と答えるのは、専業主婦の夫婦よりも共働きの夫婦の方が圧倒的に多いってしっていましたか？
専業主婦の長所と短所、働いている主婦の長所と短所を見直しながら、夫婦二人の子育てについて見つめ直してください。**

たかぎのりこ
東京都台東区・府中市３歳児検診心理士、国分寺市の教育相談室などで多くのお母さん方と接し、親身に相談にのっている臨床心理士。また、白百合女子大では学生相談も行っている。山村学園短期大学非常勤講師。現在、３人の子どもを子育て中。

手抜きをして一緒に楽しむ

働いている主婦は、子どもに充分手間ひまをかけてあげられない、という悩みがあると思います。でも、子どもと接している時間は、量ではなくて質が大切なので、ずっと一緒にいるのがいいわけではありません。ずっと一緒にいてイライラしていたり、昨今のニュースのように虐待《ぎゃくたい》のようなことが起きていたりもするわけです。

子どもとの時間は、短くてもいいから〝いい時間〟を確実に過ごせればいいのです。仕事から帰ってきて、ご飯食べてお風呂入って歯を磨いて寝るというルーティンの中に、ちょっといい時間をもつ、質の高い時間をもてればいいのかなと思います。

たとえば、子どもと一緒にゆっくりお風呂に入って、一緒に「気持ちいいね」と言いあうとか、ご飯はありあわせかもしれないけれどデザートに季節のブドウを食べて、「今年のは甘いね」とか「この間のより甘くなったね」なんて言いあうみたいなことです。よく「子どもをひざの上に乗せて絵本を一緒に読もう」とか言われますが、もっと素朴な体験でいい。なにをするでもないけど、一緒に何かできるような時間を大切にしてほしいですね。

保育園や幼稚園から子どもが帰ってくるなり、「今日は何があった？」「どうだった？」って言うお母さんがいますが、子どもはそういわれてもすぐに言葉が出ないんですね。一緒にお皿を運んだりして、「こっちにちょうだい」なんてやっているときに、「あのね、今日ね、じつはね」なんて、初めてぽろっと話が出るものです。

一緒にお風呂に入って背中を流して「こんなとこ蚊にさされているじゃない」とか言いながら、まったりゆったり過ごす。そんなときに「お母さん聞いて、ほんとは保育園いやなんだぁ」なんていう話が出てくるのだと思います。そんな時間が実は質の高いひとときなんです。

ときどき働いているお母さんで「もういっぱい、いっぱいなんです」という方がいます。毎朝4時に起きて……という感じで、完璧にやらないとダメという人は苦しいですよ。ご飯も手作りじゃないとって思うと苦しくなってしまいます。そういうときは「シーツなんか1か月洗わなくても大丈夫じゃない」と言ってあげるんですけど、すぐにそうはできません。

自分の「OKライン」を下げるのが難しい人はたしかにいます。狭くて高い自分のOKゾーンの中で子どもと向き合おうと思っても、持っているキャパは24時間しかないから無理なんですね。でも働いている主婦は引け目をもってスタートする人のほうが多いので、「働いているから、なおさら」っていう使命感で無理をしてしまう。

だから、声を大にして言いたいのは、忙しいお母さんはコンビニに行ってお弁当を買ってきて、子どもと一緒にかわいいお皿に盛り付けて、「なんか豪華だね」って言いあうのもありだということです。「なにか手作りがないとダメ」と思ったら、子どもと一緒に手作りすればいい。いつも子どもにサーブする人になろうと思って使命感で頑張ると、すごくきつくなります。手抜きをして一緒に楽しむ――これは大切です。

共働き夫婦は仲がいい

いろいろな心理学のデータによれば、夫婦間の仲が悪いと子どもは大人に気を遣いすぎるようになったり、荒れたりします。端的にいうと、自分を出さなくなるか、思いきり出すようになるか、どちらかになるのです。

仕事をしたいのにしないでイライラしたり、旦那さんに恨《うら》みつらみをもちながら、子どもとべったりいなくちゃいけないと思ってずっと一緒にいたり、自分が活かされていないという思いでお母さんがハッピーじゃないとしたら、子どもにも不幸なことです。もちろん、仕事をしなくてもとてもハッピーな女性はそれでいいわけです。

しかし、夫婦がともに働いているほうが夫婦関係はいいというデータもあります。

専業主婦群と有職主婦群と、夫婦のそれぞれに「もう1回結婚するとしたら今のパートナーを選ぶかどうか」と聞いたところ、共働きの夫婦のほうがお互いに「今のパートナーを選ぶ」と答えるケースが圧倒的に多いのです。お互いに「外で働いている」ことで、お互いがすれ違わないで理解しあえる、共有できる体験があるからなのでしょう。

　働いていない妻の場合、夫が「飲み会だ」「残業だ」といったときに理解できないといったことが起こりやすい。妻からすれば一生懸命に1日中育児をしているから、夫が帰ってきたら「今日は○○が下痢して」という話をしたいのですが、それでは夫は面白くない。でも妻の世界ではそれが大切なことだから聞いてほしい、というすれ違いが起こる。共働きでは、こういうすれ違いが起こりにくいのが理由の一つです。「働いている」という共通の経験があると、二人で子育てをせざるをえない部分もあるので、必然的に協働のかたちになっていくのだろうと思います。

専業主婦と有職主婦の良いところ、悪いところ

　専業主婦のいい面は、やはり子どもに目が行き届くということです。ただし、これは悪い面と表裏一体で、行き届きすぎることもあります。

　それから、時間的に拘束されないので、子どもに対してゆったり構えることができるはずだということ。働いていると、保育園までの道すがら「もうタンポポが咲くね」なんて言いたいと思っても、現実には「早く早く」と追い立ててしまいがちです。

　それから、いざというときに動けることもいいことでしょう。いざというときにもいろいろありますが、軽いところでいえば「今日雨が降ったから駅まで迎えにいくわ」なんてこともあれば、子どもの障害にかかわるような重いこともあります。私は3歳児健診のときに、子どもの発達や障害についても診る仕事もしていますが、「言葉の遅れがあって心配だな」とか「ちょっと訓練を受けた方がいいな」と思うようなお子さんは案外いるものです。しかし、働いているお母さんは「今やってあげられるといいのにな」という時期に動きがとれないということが少なくありません。背景には、昼間時間がとれないので、自分の子どもと同じくらいの子どもを見る機会が少ないということもあると思います。

　また、その気がないということの言い訳に「仕事があって……」と言っているのかもしれないと思うこともあります。子どものトラブルと向き合うことを婉曲《えんきょく》に断るときに「仕事だから」と言う人もいるのです。

　概して、仕事をしているお母さんは、子ども以外に生きがいをもっていることが多いので、あまり鬱々《うつうつ》として いる人はいないように思います。そこには「ひとりで子育てしていない」と腹がくくれている、開き直っているところがあるからだと思います。「世間にお世話になりながらやっている」という意識がどこかであるのはいいところだと思いますが、行きすぎると無責任になってしまうこともあります。

「子育てから仕事に逃げていて、子どもと向き合えないお母さんがすごく多い」というのを最近の保育士さんからよく聞きます。家ではいい子かもしれないけど、保育園ではすごく荒れる子どもが多いですね。お父さんもお母さんもいっぱいいっぱいで仕事をしていると、子どもは家では悪い子になれなくなってしまいます。

大変な人がひとりいると、周りはわがままは言えなくなるという「わがまま封じの心理学」ということがあります。これは「ああ忙しい忙しい」と言っていると、子どももそれに気がついて静かになってしまうというもので、共働きの家庭ではお母さんが気負って頑張っている場合が多いですから、結果としてわがまま封じの状態になってしまうのです。

本当は子どもも保育園で一生懸命に頑張っているわけです。集団というのは子どもにとっては成長の糧《かて》ともなるいいところですが、プレッシャーもあります。しかし、それを家で発散できずに、しかもわがまま封じのプレッシャーにかかってしまうと、園で荒れてしまうのです。

専業主婦のアイデンティティ

専業主婦の悩みでよくあるのはアイデンティティの問題ですね。普段「何々くんのお母さん」としか言われないから「私は何者なんだ」と考え込んでしまう。子育て自体は生産的な仕事ですけれど、経済的に生産力がないのでちょっと卑屈になったり、自己否定感が強くなってしまう。その裏返しで子どもの教育に頑張ったり、高価な洋服を買い与えたりしてしまう。

フルタイムで勤めていた時は、仕事ができてボーナスももらえたのに、一度会社を辞めて子どもを生むとただのオバさんになってしまう。

「自分の肩書きはなんだったんだろう、虫けらみたい」なんてことを言う人もいます。そこで、手作りのパンを焼いたり、かわいくパッチワークしたお洋服をつくったり、お友達がうちに来て「まあ素敵」とかいうガーデニングで自分らしさを表現したりする。そういうところでアイデンティティを生み出さないと自分の価値が見出せなくなってしまうのです。

自分が報われなくて肯定的になれないときには、夫に対しても恨みがましさが出てきます。しかし、〝働いて養って〟くれている旦那さんには相談できない。だから余計に苦しくなってしまうのです。

また、女性が高学歴化し、仕事の経験がある人がたくさんいることもあって、子どもの出来不出来――しつけや数が数えられるとかいったことを含めて――がお母さんにとっての勤務評定になっているケースもたくさんあります。

ミルクの飲みがよくて体重が増えれば自分がよくやっている。逆に体重が増えないとコンプレックスを持つ。

あるいは、スーパーマーケットで子どもがふざけていたらはずかしい。自分が「だめ母」と思われるという感じです。つまり母として子育てを勤務評定されるわけですから、子どもの出来が競争になってしまうのです。

熟年離婚をしないために

父親も母親の補助やおまけではなくて、父親のスタンスで子育てに参加できるのがいいと思います。自分の人生の中に「子育て」という引き出しもちゃんとつくって、休日だけでもいいので、楽しんで子どもと散歩できたりするといいですね。

妻に対して、このごろどうなっているかと子どもの様子を尋ねたり、話を聞いて「それは大変だったね」と一言言えるような関係だといいと思います。参加しなければならないイベントに行けなかったら、「行ってあげられなくてごめんな……」と言われれば、奥さんもきっとご機嫌がいいと思います。

夜泣きをしても、起きてくれないお父さんが多いのですが、「夜泣きだったんだなあ。少し声がしたよ。すまないな」って、それでいい。ご飯を食べて「おいしい。おいしい」「子どものことも任せてられて安心だ」「疲れるだろう。たまには買い物に行ってこいよ」ぐらいでいいんです。ねぎらいが欠けていることですれ違っている夫婦は存外多いものです。

企業戦士の旦那さんもいるでしょうが、園ではこんなことがトピックで、運動会でこうなんだよね……そんなことを共有しながらやっていく。それにはお父さんがなにかしらに参加してみないことには興味がわきません。「自転車が乗れるようになったのよ」と突然言われても感動がないけど、土日に1回でも2回でも、自転車を押して一緒に走っていたりすれば、子どもから翌週「乗れた」と聞いたときに「そうか、すごいな」「お前頑張ったな」と言えるわけです。そのリアリティーが大切なんです。

そうしたことを積み重ねながら、夫婦で「一緒に子どもを育てあげた」という思いがもてるといいと思います。20歳まで育てあげたときに「よく育てたわね」と言い合えないとしたら、そこにはずいぶん溝ができています。「私がやったのよ。あなたはその間、なにしてた？　宴会に行ってたじゃない」という気持ちになったら、お互いに苦しいはずです。

熟年離婚が増えているのは、そんなすれ違いの積み重ねが原因なのかもしれません。老後というのは一週間にたとえれば土日のようなもの。土日をゆっくりふたりで過ごせるのは、月火水木金を一緒に積み上げてきてこそと思います。

※この原稿は高木紀子さんのお話を編集部でまとめ、高木さんにチェックしていただきました。

「共働きの子育て、父親の子育て」

シュタイナー教育から見た父親と子ども

西川隆範さん（シュタイナー研究家）

にしかわ りゅうはん
1953年京都生まれ。フランス文学と仏教を学んだ後、スイスとドイツでシュタイナー思想を研究。スイス・ベルンのシュタイナー幼稚園教員養成所や米国カリフォルニア州のシュタイナーカレッジの客員講師などを務めた。シュタイナー『子どもの健全な成長』（アルテ）、『人間の四つの気質』『あたまを育てる・こころを育てる』『シュタイナー用語辞典』（風濤社）、『人間理解からの教育』（筑摩書房）、『こころの育て方——物語と芸術の未知なる力』（河出書房新社）、『子どもの体と心の成長』（イザラ書房）など70冊以上の著訳書がある。http://i-debut.org/ivalue/000403/

日本の父親

「父」という漢字は、石斧《いしおの》を手に持つ姿（あるいは右手に鞭《むち》を持つ姿）を示しています。これは「厳父」のイメージにつながります。わが子に特訓をして、一流のプレーヤー、アスリートに仕上げた父親が、よくほめられます。このほかに、「慈父」というイメージもあります。「愚父」という謙称《けんしょう》は、あまりよい感じがしません（愚父としか言いようのない人もいるでしょうが）。

最近まで、日本の家庭は母子中心で、父親は家に居場所がないという状態がよく話題になりました。いまの父親の多くは、家庭・育児を第一に大事に考えているはずです。子どもを良い学校に入れるために、母子が転居し、父が仕送りをするというケースも見られます（シュタイナー教育の考えでは、家庭を犠牲にしてよい学校に入れるより、学校は妥協して、一家団欒を優先します）。

父親の威厳を復活させよう、という動きもあります。しかし、単に威張っている父親は、日本という母性社会のなかで甘えているのであって、個人を尊重する本来の父性の発揮とは無縁です。父性原理は、人間個人を尊重し、個の確立を目指します。

「父なる神」という宗教思想の下に発展した文明では、それなりの父性が確立しています。ただ、ここからは男性社会が形成され、社会的弱者である女性は庇護の対象という地位にされます。

シュタイナーの考えでは、男は地上に下りた者、女性は天との結び付きを保っている者です。男性は、自分が子どものころに有していた天空との結び付きを保っている女性に憧憬を抱きます。自然に天とつながっている女性を妬《ねた》むと、女性を低い地位に押しやる男性社会が形成されます。個人の能力・責任を重んじる父性原理は競争を誘発します（母性は一様性を愛し、すべてを包み込みます）。

シュタイナーは女性と男性について、こんなふうに言っています。「女性は物質に埋没せず、自由な精神を保ち、新しいものを受け入れることに抵抗がない。女性は感情的な衝動へと導く心の特性に傾いている。男性の脳は知的なものに向いており、心的なものや柔軟な思考には向いていない。男性は主知主義と唯物論に馴染《なじ》んでいる。女性は心の根底に、人生の経験を受け取るが、男性の場合は経験が深く心のなかに入っていかない」。

「女性の意識は周囲をさまよい、全体を見て、担う能力がある。女性は開放的であり、傷つきやすく、直観的で、律動的である。女性の思考のいとなみには、ひらめきがあり、活発でカラフルだが、変わりやすく、飛躍する。男性の脳は、知と意志に結び付いている。男性の脳は、事物の表面、物質世界を扱うのが得意で、正確に集中的に考える能力を持っている。しかし、精妙な思考の経過を追うのは困難である。男性は一定の規律にとどまり、定評のあるものに固執する傾向を発展させる。男性は自分流の安らぎを好み、変化・動揺、予見できないことが発生する機会を避ける」と、シュタイナー学派の人々は考えています

シュタイナー教育における父親

ルドルフ・シュタイナーは三八歳のときアンナ・オイニケ（46）と結婚し、五三歳で四年来の同志マリー・フォン・ジーフェルス（47）と再婚しました。子どもは、いません。もっとも、アンナ・オイニケには娘四人と息子が一人いました（シュタイナーは三二歳のときから、アンナ・オイニケの家に下宿しました。彼女が夫を失って、一〇年目のことです）。シュタイナーは彼女の子どもたちの教育に手を貸しましたが、どのような父親ぶりだったか、詳しい記録が残っていません（シュタイナーとアンナは、結婚後三年あまりで別居しています）。シュタイナーに関してよく知られているのは、二三歳のときから六年間、ウィーンのシュペヒト家の家庭教師をしたことです。ここで、彼は四人の男の子を教えました。

シュタイナーの父、ヨハン・シュタイナーはホヨス伯爵に仕える猟師でした。そこで彼は物静かで家庭的な女性、フランチスカ・ブリーと知り合います。伯爵が二人の結婚を許可しなかったので、猟師の仕事を辞めて結婚し、南オーストリア鉄道の電信技師、ついで駅長になりました。転勤で、一家は何度も引っ越しました。小学校に入ったシュタイナーは、別の子が行なった悪戯《いたずら》を自分のせいにされたことがありました。父親は怒って、学校を辞めさせ、自分で息子の勉強を見た一時期があります（幸い、また転勤になって、別の学校に入りました）。

「私は父からは体格と真面目な生活態度を、母さんからは朗らかな性格と物語る楽しみを得た」というゲーテの詩の一節を、シュタイナーは何度も引用しています。意志に関することを、子どもは父親から受け継ぎます。心・知性の活動を、子どもは母親から譲り受けます。

地上に生まれてくる子どもの心（思い）は母親に引かれ、魂（自己）は父親に引かれる、とシュタイナーは考えています。心は感受・思念の担い手で、西洋でアストラル体と呼ばれたものです。魂は意識的な自分で、個我と言われるものです。生まれてくる子どもの情感が母親に向かい、客観的であろうとする自己意識が父親に向かうというのです。

子どもは、父親によって社会生活に導かれたい、と思っています。そうして、自己と世界についての意識を発展させ、世界の事物に関わり、明晰な思考をもって物質世界に入っていきます。社会に接触する思春期に、子どもは父親との対話を必要とします。社会に生きるとはどういうことかを、父親から

体験したいという思いを持っているのです。思春期になった子どもが、父親を相談相手として信頼できるよう、それまで父親は家庭労働や外出時の確かな見識・行動によって、子どもから信用されている必要があります（女性の読者に考えていただきたいのは、「生まれようとする子どもが抱く父親のイメージは、その子の母親が夫について心に抱くイメージなのだ」というシュタイナーの見解です。自分が夫をどう思っているかが、そのまま、子どもが持つ父親観になるというのです）。

幼児期には大人の言動から、その背後にある考え・感情を受け取りますから、親は子どもに吸収されるべき考え

母・フランチスカ

父・ヨハン

最初の妻・アンナ

生涯の伴侶・マリー

「Rudolf Steiner」 mit Selbstzeugnissen und Bilddokumenten dargestellt von Christoph Lindenberg より

と感情に基づいた言動をしている必要があります。普段の心がけを大事にして、自然体で子どもに接するしかありません。

学童期になると、子どもは知的に発展していきます。このとき、子どもが大人の知力を見くびるような状態になると、教育は困難になります。子どもから質問された際、子どもの年齢に相応しい答えをするようにします。幼児ならメルヘン的に、児童ならイメージ的に、少年なら段階を追って学問的に答えるようにします。小学校の勉強では、芸術性が必要です。思春期からは、世界への関心が子どもを健全に成長させます。

ちなみにシュタイナーは、フロイト流のエディプス・コンプレックスの発想（父を殺して母と結婚したオイディプス王にちなんで、男の子は父親に敵意を抱くとする説）を完全に否定しています。男の子は本来、父のようになりたい、と思っているはずです。

さまざまな父と子

僕の父は大正一二年生まれです。京都の呉服仲買人の長男でしたが、商売人に向いていないということで、薬学を専攻しました。繰り上げ卒業で兵役につき、戦後、塗料会社の研究員になりました。退職後、文系の大学の聴講生になって、二〇年になります。

僕は一人っ子で、父にも母にも、とても愛情豊かに育ててもらいました。僕は自らの才能を恃《たの》んで安全策を取らないことが度々《たびたび》あったので、父母にはずいぶん心配をかけたと思います。

僕の子どもは平成九年に生まれました。四四歳のときの子どもです。僕の場合、育児と仕事の両立が問題でした。子どもが生まれたとき、仕事を半分に減らそう、と思っていました。しかし、それは甘い幻想だということが、すぐに分かりました。その機会に、本当にやっておかねばならない仕事は何か、とことん絞り込みました。

子どもが小学校に入ると、登校から下校までの時間を仕事に使えるようになりました。学校から帰ってくると、二～三時間の散歩をしたり、公園でボール遊びをしたり、借りている畑を一緒にやったり、一緒におやつを作ったり、スーパーに買い物に行ったり、絵を描いたり、工作をしたり、歌を歌ったりしています。童話を語ってやるのも、楽しいことです。土曜日などには、電車が混んでいない時間帯を選んで、半日ほど出かけるようにしています。日曜は、翌日に疲れが残らないように、遠出はしないでいます。数日の旅行には僕の父母も付き合ってくれています。

僕は子どもに、本物を与えるようにしています。プラスティック製の楽器でなく本物の音色の楽器、プラスティック製のおもちゃでなく木のおもちゃ。化学塗料の色ではなく、植物絵の具・鉱物絵の具の色。化学調味料の味ではなく、有機食材の味です。

幼児期には、親が見本を示して、子どもを導く必要があります。その後は、子どもの運を信じて、見守っています。細かなことをとやかく言いません。しかし、人間としての道徳の原則は譲らないようにしています。おさえつけるより、良心を引き出そうとします。青少年期には、世界への関心を広げることが道徳上重要です。

※

A君が小学校に入ったころ、両親が別居しました。A君は母親のもとで暮らすことになりました。家庭でどんなことが話題になっても、彼は「パパだったら、どうするかな」と繰り返し言います。父親を愛しているのが痛いように分かって、聞いていると辛い気持ちになります。休日はしばしば、父親と一緒に過ごしました。義務教育を終えると会社付属の職業訓練校に行き、いまでは成人して、立派にやっています。

B氏の奥さんは、子どものころ、母親にかまってもらえませんでした。母親はもっぱら息子の世話を焼いて、娘のことはかまわなかったそうです。そのため彼女は、女の子を生んで可愛がりたい、と思いました。ところが、生まれたのは男の子でした。彼女はもともとメランコリックな性格で、活発な子どもに耐えられず、引きこもりがちになりました。B氏は、子どもが義務教育を終えるまでは主夫業中心の生活をすることにしました。父子で出かけると、息子が「ほかの子はお母さんと一緒に来てるね」と言ったり、「お母さんは僕とは遊ばないんだ」と言うのに、心が痛むことがあります。しかし将来、息子がいてよかったと奥さんが思う日が来る、と彼は信じています。

Cさんは上品な老婦人です。いつも、「お父さんは私の言うことをなんでも聞いてくれて、大好きだった」と、おっしゃいます。「私はお父さんにとても愛されて育てられました。お父さんのいるところに行くのは、ちっとも怖くない」と、おっしゃっています。どんなお父様だったのでしょう。

父親の外面に現われる特性が、娘の心のなかに内面化されて受け取られる、とシュタイナーは言います。父親の性格は娘の心のなかに生きつづける、というのです（母親の心の特性は、息子のなかに生きつづけ、素質・身体能力になるといいます）。

シュタイナーは、ルネサンス期の画家ラファエロのことを話しています。ラファエロが一一歳のとき、父は亡くなるのですが、その父が天から息子に絵の霊感を送った、というのです。シュタイナーの心眼に映じたことなので、本当かどうか判断しようがありませんが、生死を超えた親子の愛情の存在を、彼は疑っていませんでした。

共働きの子育て、父親の子育て

「父性」だけが子どもにできること

正高信男さん（京都大学霊長類研究所教授）

子どもが安心してくつろげる場所を提供するのが母性の役目であり、子どもがとどまっている「安全な場所」から危険な外へと連れ出すのが父性の役目です。母性ばかりが強調される現代社会は、むしろ子どもが本来持っている生への要求を抑圧しているのではないでしょうか。父性のパワーをもう一度考えてみたいと思います。

まさたかのぶお
1954年、大阪生まれ。専攻は比較行動学。アメリカ国立衛生研究所、客員研究員、ドイツ・マックスプランク精神医学研究所研究員、京都大学霊長類研究所助手、東京大学理学部人類学教室助手を経て、現在、京都大学霊長類研究所教授。著書に『ケータイを持ったサル』『子どもはことばをからだで覚える』『父親力』（いずれも中公新書）、『0歳からの子育ての技術』『赤ちゃん誕生の科学』（いずれもPHP新書）、『天才はなぜ生まれるか』（ちくま新書）などがある。

安全基地としての母性

人間の赤ちゃんは、自分自身では何もできない状態で生まれてきますから、当面の間、食事を与え、体調に注意を払い、何を望んでいるかを察し、先回りして充足させてくれるような存在が必要になります。それを与えるのが母性であり、母性は子どもにとって安全基地のような働きをします。

ただし、母性を担《にな》うのは必ずしも母親とは限りません。一人の人間の中には、母性的なものも父性的なものもありますから、父親が母性を発揮することもあれば、母親が父性を発揮することも、一人の人間が両方を担う場合もあり得ます。つまり、母性と父性は、養育者の子どもに対する違いを表しているだけです。

生まれた子どもに対して、養育者は母性と父性という、少なくとも二つの違った影響力を発揮することが大事です。しかし、母性と父性は互いに相反するところがありますから、一人の人間が二つの役割を担うのは容易ではありません。ですから、子どもを育てるときには少なくとも二人以上の人間が養育を担当することが望ましいと思います。子どもの周囲に女性と男性がいるのならば、女性が母性を担い、男性が父性を担うことが無理がないといえるでしょう。逆にいえば、女性と男性がいなければ、誰が二つの役割を担ってもいいわけですし、極端な話をすれば、女性が父性を担い、男性が母性を担ってもいいのです。

　とはいえ、例えば母乳を与えることはいくら父親ががんばってもできません。そうした事実を考えると、赤ちゃんが生まれた初期の段階である、母性を長期的に安定して必要とする時期は、母乳を与えられる人間が母性を提供する方が楽だと思います。生物としての男性が母乳を与えられない以上、母性は母親が担い、父性は父親が担ったほうが無理がないといえるでしょう。

　ところで、生まれたばかりの子どもには、当面の間は安全基地としての母性が優先されなければならないと言いましたが、それでは父性とは何でしょうか？

　ある時期までの子どもは母性に包まれて安全に過ごすのですが、そこに永遠にとどまっているわけにはいきません。いつかは心地よい安全基地から外に出て、一人の人格をもった人間として踏み出さなければなりません。実は、それを促すのが父性の役目なのです。

子どもにとっての「自然」とは

　近年、子どもが自然と接する機会が減っていることによる悪影響が問題になっています。この場合に前提になっている自然とは、木や草や川があり、虫や鳥といった小動物がいる自然という意味でしょう。しかし、私は人工物が氾濫《はんらん》する都会においても、自然を認識することができる可能性は十分あると考えています。子どもにとって自然とは、木がある、虫がいるということではなく——つまり「非人工的な環境」ではなく——自分の力が及ばない、畏怖《いふ》しなければならないような領域が「自然」の本質だと考えているからです。

　子どもは親の養育がなければ、自分の力だけで育つことのできない非常に無力な存在です。そこで両親、多くの場合は母親から情緒的な安定を与えられて育っていきます。しかし、与えられた情緒的な安定に充足して生活していくだけでは、あくまでも母親のコピーにすぎず、一人前の人間にはなれません。人間は最終的には母親とは別の独立した人間にならなければなりません。自立することが必要です。自立するためには「安全基地としての母性」から出ていかなければなりません。

　しかし、「安全基地」の外の世界は、それまで自分がいた世界とはまったく違う秩序によって支配されています。自分の知っていたルールが適用できないという意味では「闇の世界」であり、極端に言えば「恐怖の世界」です。子どもは最初、どうして自分の力が及ばないのか理解できないでしょう。しかし、「恐怖の世界」「闇の世界」こそが「自然」の中身なのです。そうした「自然」は現代であっても子どものまわりには存在しているはずです。

つまり、植物や虫や鳥が昔のままで存在することと「自然」は同義ではないということです。緑があるからと公園に行き、母親と密着して散歩することだけで「自然」に触れ、「自然」を認識するとはいえません。子どもが自分が理解できないような世界に出ていくときに、まわりにある世界がすべて「自然」であり、そうした外の世界に出ていこうとする経験をすることが「自然に触れる」ことの本質なのだと思います。

逆に言えば、世の中のことがすべて自分の理屈で分かり切ったものになるということは、「自然がなくなる」ということであり、自然を認識するということは、個々の人間の行為を超越した力を発揮する存在を身体を通して知ることだということです。私たちが定めたルール内で行う行為は、「自然」が許容している範囲内で成立しているということでもあります。私たちには、闇を畏怖することによって自分の行為を律する基本的な枠組みを与えられている側面があります。だから、子どものしつけの第一歩は闇を敬《うやま》い、「自然」の怒りにふれないようにしましょう、というところから始まらなければならないはずです。

闇を恐れて安全基地にとどまっているのではなく、怖くても、自分がいる安全基地にはない何かがあり、予想外の出来事が起こる。それに出会うことはすばらしい体験なのだという闇の両義性を指し示し、子どもの背中にそっと教えてあげる。それは父性としての親の役目です。

ストーヴは幼児にとって危険ですから、親は近づかないように厳しく制止します。しかし、子どもは一生涯ストーヴを避けて暮らすことはできません。そこで親は「危ないよ、怖いよ」から「自分でつけてごらん」と促すことになります。それはストーヴという「自然」の両義性を教えることです。

心の動きは、体と切り離され、独立しているのではありません。しかしながら、しばしば心だけが一人歩きをするかのように誤解し、体とのつき合いが人間形成を果たす役割を軽視すると、他人の痛みを自らの身体感覚に引き寄せてイメージすることはできなくなってしまうでしょう。他人に暴力をふるうことを抑制するのは、他人から暴力を振るわれたときの気持ちを考え、その立場にある他人を想像する社会的な思いやりの能力です。その感性は言葉で教えられて理解するものではなく、あくまでも体で把握しなければなりません。

　数年前に「なぜ人を殺してはいけないのか」という問いかけがマスコミでしきりに取り上げられ、様々な人がコメントをしました。しかし、言葉で人を殺すことの是非を伝えること自体が見当はずれのことであるという意識は、希薄であったと思われてなりません。

父性が衰弱した日本社会

　究極の「自然」とは死――たとえば身近な祖父や祖母の死を見送ることなのではないでしょうか。

　しかし、最近は人が死ぬ場に遭遇《そうぐう》することはほとんどなくなってしまいました。大概の人間は病院で死ぬようになったからです。自宅やその周辺での不慮の死もほとんどありませんし、突然の病死もほとんどなくなりました。予期せぬ死がなくなった現代では、死を体験させようとしてもできません。同様に、子どもが生命が誕生する場に立ち会うこともありません。圧倒的に多数の母親が病院で赤ちゃんを生むようになったからです。

　よくいわれることですが、現代では死についても誕生についても、管理され隔離された特別な場所で行われていますから、死や誕生の現場に接することはほとんどなくなりました。それも「自然」がないということに等しいと思います。

　そして、死や誕生はもとより、いまでは闇さえも子どもに見せないようにしています。

　たとえば、公園の池に入ろうとしても柵《さく》があって、中に入れないようになっています。行政がどんな場所にも柵をつけるのは、誰かが中に入って事故に遭《あ》ったりケガをした場合に、裁判になると「入れるようにしてあった行政が悪い」と責任をとらされるからです。

　子どもが外に出ていこうとするときには必ずリスクをともなうのですが、そのリスクを自分で負うのではなく、リスクを放置した人間の責任に転嫁させてしまっているわけです。運動会でかけっこをして順番をつけると、ビリになった子どもの心に傷を残すことになるかもしれないからと順番をつけないようにするというのも、同じ例です。

　こうした一つ一つのことが「自然」を剥奪《はくだつ》した子育てにつながっていきます。安全基地の外へ踏み出すことを子どもに促す父性が発揮できる機会を、社会が剥奪しているということでもあります。そして、そうした教育のなかで育てられてきた子どもたちが大人になり、母性原理の強い現代のような社会になっているのだと思います。

　ただし、最近、子どもに刃物を使わせて何かをさせようという動きが出てきています。一時期は刃物を持たせたらケガをして危ないとか、ほかの子どもを傷つけるからあぶないといっていましたが、そればかりではだめだということがわかってきて、危険を冒しても子どもに体験をさせようという動きが出てきました。ある意味でこれは「自然」を回復させようとする試みの一つなのだと考えられます。

近代化が進行するにつれて、家族の形態は変化し、それまでは当たり前だった三世代の同居が減り、生業を営む場所と生活の場所が分離するようになりました。乳幼児の死亡率は低下しましたが、子どもと高齢者の関係は疎遠になっていきました。人々は「自然」を失っていったのです。

そうした中にあって大人は、意識するしないに関わらず、育児の一環として「自然」を教え込む必要性を感じてきました。たとえば、それを、多くの怪獣やお化けが登場する子どものための物語に見ることができます。子どもたちの心を虜《とりこ》にしているJ・R・R・トールキンの『指輪物語』や、モーリス・センダックの『かいじゅうたちのいるところ』という作品は、「自然」を教える環境が乏しくなってきたのに対応して、人々が生み出した表現であると見ることができるのです。

というのは、一見こうした児童文学は世界中の子どもたちを魅了しているように思えますが、実は日本やアメリカなどのいわゆる先進工業国以外の子どもたちにはそれほど関心を抱かれないらしいからです。同じようなことはコンピューターのRPG（ロールプレイングゲーム）でも指摘されています。つまり、身の回りに「自然」や闇がふんだんに存在する環境にいる子どもには、こうした絵本やゲームは「なぜこんなものがおもしろいのか」というふうに迎えられるというのです。

この事実は、人間が社会化させる過程において、畏怖の対象となる「自然」や闇との交流を求める資質が本来与えられていることを示唆《しさ》しています。そして、子どもの成長にとって「自然」や闇の経験が重要な意味があり、それ抜きに育った場合には何らかの支障を生じさせる可能性があることを物語っているといえるのではないでしょうか。父性の大切な役割は、人間の成長にとって重要な意味を持つこの交流を促すことです。ところが、現代の日本社会は、そうした交流ができないような環境になっているのです。

母性的な社会になったわけ

子どもをいつまでも「安全基地」の内部にとどまらせておこうとする母性原理の子育てが横行しているのは、子どもに怖《こわ》い思い、つらい思い、悲しい思いをできるだけさせないようにして育てるのが「いい子育て」なのだとされているからです。

教育学者や教育行政には、教育の場に競争原理を導入し、子どもに挫折感を味あわせると傷つくかもしれない、子どもにできるだけストレスを与えないで育てるのがよいことだ、という根強い考えがあります。不登校や校内暴力、ひきこもりなどの最大の原因は子どもにストレスを与えすぎているからであり、学校がストレスをできるだけ与えないようにすれば、素直なよい子に育つというのが、教育学者や教育行政の基本的な考え方のようです。

　その一方で、世の中は自由、平等な社会であり、「あなた達にはあらゆる可能性があるんですよ」といって、ある種の万能感を植え付けていきます。しかし、子どもたちが学校を卒業して社会に出ると、世の中はそうはなっていません。どうしても想いがかなわない現実があり、競争もしなければなりません。子どもたちの中にはそのギャップにとまどい、挫折する場合もあるでしょう。フリーターになったり、パラサイトシングルになったりするしか社会に適応できなくなっている理由の一つが、そうした嘘《うそ》にあるのだと思います。

　私には、今の学校教育は在学期間のことだけを考え、子どもたちが社会に出たときにどういった人間になるかについては考えようとしていないし、責任をとろうとしていないように見えます。だから、校内暴力があるからとストレスを除去し、在学中だけ平和におさめようとしているのではないか、と思うのです。

　また、日本の保育士さんに「子どもに求められる資質は何だと思いますか?」と尋ねると、答えはおおよそ二つに絞《しぼ》られます。一つは、思いやりがあること、他人の気持ちがわかること。二つ目はやさしいこと。つまり、日本ではやさしくて他人の気持ちがよくわかる子どもがいいというわけです。

　同じ質問をアメリカで行うと、「self-esteem」(自尊心、自尊感情)が大事であるという答えが返ってきます。自分が何を求めているかということが非常に大事になるわけです。

　日本では他人の目を自分の中に取り込み、その他人の期待に添って行動するのがいい子なのだという意識が強いといえそうです。こうした日本の保育のあり方も、母性的な社会のあり方に大きな影響を及ぼしていると思われます。

父親の背中を見ても子どもは育たない

　最近の父親は、かつてとは比べものにならないほど熱心に養育に関わるようになったといわれています。実際に幼稚園や保育園などの行事には、ほとんどの父親が参加するようになっています。

　しかし、その内容はといえば、初めての子育てに当惑したり自らの仕事に忙しい母親を助けるという形で、母性の実行を分担しているにすぎないのではないでしょうか。妻が夫に求めることも、そうした意味での子どもへの母性的なつきあいであり、父性を発揮して欲しいと思っていない場合が多いのです。

　しかしそれでは、家庭に二つの母性が存在するということになりかねません。そうした状況は、子どもにとって、母親が一人の時よりもさらに「安全地帯」から闇の世界に出るのをためらわせる要因になる可能性があります。

　父親的な要素が子どもの社会化には大切だというのは、ただやみくもに父親が母親とともに子育てにはげむことは、父親が「もう一人の母親」として関わるだけになりかねません。

　また、「うちのパパは子どもと一緒にいる時間も長く、よくつきあっています」といいますが、よく聞いてみると、休みの日に子どもと一緒にコンピュータゲームをしているだけといった父親も多いのです。そうした子どもとの遊びは、単に自分の暇つぶしに子どもをだしにしているにすぎません。

　全国200校の小学5年生3000名に父と子の関係について詳細なアンケートを行ったところ、父と子の会話の量が多いほど子どもは父親の仕事や日常生活について詳しい知識を持ち、その上で好意的に評価し、自分自身も将来は父のようになってもよいとする傾向が高いことをわかりました（1991年、深谷昌志氏の調査による）。

　子どもと一緒の時間をすごしたり、幼稚園や保育園、学校の行事に参加することは親として大切な役目です。しかし、そうしたことは家庭的な安心感をもたらしても、ほとんどの場合、母性的な機能を発揮しているにすぎません。子どもが社会化を目指して「自然」の中に乗り出して行くには、親がそこに出かけていく姿を子どもにさらさなければなりません。それが父性的な機能です。しかし、直接にそうした姿を見せることが難しいのであれば、次善の策として語って聞かせことが重要のです。

　かつて「子どもは父親の背中を見て育つ」といわれたように、父親は自分の行いを我が子が自主的になぞり始めるのを待つという姿勢を美徳としていました。昔のように家業が商業や農業で、父親の働いている姿を子どもが日常的に見るという状況であれば、父親は特に何もしなくても子どもは（自分の父親はこうなんだな）と理解したかもしれません。が、職場と家庭が完全に分離している現代の父親の場合には、そうしたことはありえません。子どもは日曜日にテレビを見たり、ゲームにいそしんでいる父親の背中しか見る機会がないのですから、「背中を見て育つ」は通用しないという意識を持って、コミュニケーションをとらなければならないのです。

父性だけができること

　母性化したこの社会の中で、父性を発揮するとは具体的にはどういうことなのでしょうか？

　フリーターやパラサイトシングルという形でしか社会に適応できない人々は、まじめに自分の将来や人生設計を考えたときには不安な部分が非常に大きいわけです。にもかかわらず気楽に暮らしているのは、経済的な側面に関

共働きの子育て、父親の子育て

して将来の展望をまじめに考えようとしないからだと私は思います。理屈ではわかっていても、将来どうなるのかという身体的な実感が伴っていないのです。その原因は経済感覚が成熟していないからだと思います。人間の自立には経済観念の成熟が不可欠であり、経済観念を培《つちか》うには子ども時代からのしつけが大事です。そして、それはまさに父性の非常に大事な役割なのです。

最近、小遣いを月単位で決めるのではなく、子どもが欲しいといった時に必要に応じて与える親が増えています。しかしながら、それでは子どもの経済観念を培うことはできません。少なくとも子どもが小学校に入ったならば、一か月にいくらという金額を決め、その範囲内で子ども自身がやりくりするしつけをしなければなりません。翌月までまだ日があっても、使い切ってしまったらそれ以上はもらえないという約束をすることで、社会的な規範を教えていくわけです。あるいは、テレビゲームにしても「毎日してもいいけれど時間は1時間で、必ず宿題をしていからだよ」という約束をして、必ず守らせる。そして、約束をやぶったならば人間としての信用を失うんだよ、ということを教えていくわけです。つまり、一人の人間として信用を得るような行動をしなければいけないということを教えればいいわけですから、決して難しいことではないはずです。逆に言えば、理屈をいくらいっても何にもなりません。日頃の中で約束をして実際にやる、ということです。

これらは一例ですが、こうしたことをきちんと行うことが父性の役目です。決して頭ごなしに子どもを叱るとか、厳格であるとか、権威があるとか、いかめしい父親であるということではありません。

また、親が働いた結果お金を得て、家族みんなが生活しているのだということを、子どもに小さいときから実感させることも大事なことです。その意味で、共働きは積極的に奨励されるべきですが、父親と母親が交代で子育てをすることが増えるために、二人の母性が生まれてしまい、父性がほとんどないという状況に陥《おちい》りやすいという点は注意すべきでしょう。子育てには母性と父性の両輪が必要だということは、専業主婦の家庭でも共働きの家庭でも変わりません。ただ、共働きの場合はそこが曖昧《あいまい》になりがちなので、より意識する必要があると思います。

「安全基地」にいる子どもがショックを受ける危機があっても外の世界に導き、適度なストレスによって「生の要求」がパワーを発揮できる方向性を与えるためには、子どもを見守り、必要があれば手をさしのべ、「自然」へと踏み出す手助けをしてやる、それは、より成長しようとする子どもに対して父性だけができることです。

※この原稿は正高信男さんのお話を編集部でまとめ、正高さんにチェックしていただきました。

共働きの子育て、父親の子育て

シングルマザーの子育て

赤石千衣子さん（ＮＰＯ法人しんぐるまざあず・ふぉーらむ理事）

子どもがありながら配偶者と死に別れたり、離婚をしたお母さんたちは、生活を支えていくため、子どもを育てていくために苦労をしていますが、一方で離婚の前よりも自信にあふれ、女性として輝いているともいいます。

そして、彼女たちの子育ての悩みは、決してシングルマザー特有のものではなかったのです。

平均年収は229万円

近年の離婚件数の増加によって母子家庭が増えています。２００３年1年間で離婚した夫婦は約29万組で、このうちの約6割に子どもがいるといわれています。

少々古いデータですが、平成10年度の全国母子家庭等実態調査（厚生労働省）によると、母子世帯数は95万４９００世帯で、前回の平成5年度の調査よりも２割増加しています。死別による母子世帯は約19％と減

NPO法人しんぐるまざあず・ふぉーらむ　とは……

母子家庭の当事者を中心に、シングルマザーが子どもと共に生きやすい社会、暮らしを求めて、提言・情報交換・相互援助、交流等の活動を行うグループ。月１回の定例会、年５回の会報の発行、新年会夏合宿等のレクリエーション、アサーティブトレーニングやサポート・グループ、学習会等、不定期のワークショップ等の活動を行っている。ふぉーらむとしての著書に体験集『シングルマザーに乾杯！』（現代書館）がある。

【ＮＰＯ法人しんぐるまざぁず・ふぉーらむ】

http://www7.big.or.jp/~single-m/

［東京事務所］

〒169-0075　東京都新宿区高田馬場4-13-12

伊豆栄ビル2F

TEL/FAX 03-3364-3431

［関西事務所］

〒536-0023　大阪市城東区東中浜2-10-13

緑橋グリーンハイツ１Ｆ　アド企画内

TEL/FAX 06-6968-3209

少していますが、離婚母子世帯は全体の約68%で、前回の調査から29%も増加しました。非婚母子世帯は約7%ですが、その増加率は85%と、急激に増加していることがわかります。また、統計上には出てきませんが、離婚が成立していない母子家庭も相当数あると思われます。

母子家庭の母の平均年齢は40・9歳、ひとり親になったときの平均年齢は34・7歳。母子世帯の子どもは、1人か2人で、末子の平均年齢は10・9歳です。

地域によって違いますが、東京では一クラスに3〜4人はシングルマザーの子どもがいる小学校は普通になりました。都内のある保育園のクラスでは、クラスの半分以上の親がひとり親だったそうです。

日本のシングルマザーは、求職中の人も含めると約9割が働いています。これはイギリスの41%、アメリカの60%、イタリアの69%、スウェーデンの70%など比べて、先進国の中ではもっとも高くなっています。平均年収は一般世帯の平均収入の約3分の1の229万円。特に生別母子世帯の収入が低くなっています。

このように厳しい状況の中で、仕事と子育てを両立させているのがシングルマザーの現状です。夫と死別した場合を除くと親と同居している人も多く、そうでない場合は、賃貸アパートなどで暮らしている場合が多いのです。国や自治体からはある程度の扶養手当や医療援助はありますが、生活は大変です。

日本では一般に男性の賃金が女性よりも高く、男性が家計を支えることを前提にした仕組みになっていますから、女性が子どもを抱えて生活をすると、賃金は低いが長時間働けないので、いろいろな困難が出てくるのです。その困難はシングルマザーが怠《なま》けていたり、能力が足りないせいではなく、男性を中心とした社会の仕組みによっているのだと、私たち「しんぐるまざあず・ふぉーらむ」では考えています。そのなかでがんばっているわけですから、私たちはシングルマザーたちに「あなたたちはとてもよくやっている」とよく話します。

しかし、だからといって、専業主婦の人たちがとてもいい暮らしをしているわけでもありません。それぞれにいろいろな矛盾を抱えながら暮らしているわけですから、シングルマザーも専業主婦のみなさんも、互いに必要以上に距離をおくのではなく、一緒につながれればいいと考えています。

外面だけの家族が増えている？

私は、小学校の保護者会に行った最初のときに、「うちは楽しい母子家庭です」といいました。よく考えてみれば、いわなくてはいけないということ自体が気構えていたわけです。

そうした、ある種の引け目のようなものを感じるかどうかはその人によって違いますが、世の中にはいろいろな家族があり、シングルマザーもその中の一つの形だから、シングルマザーだからと引け目を感じたりする必要はないのです。

また、非婚や未婚のシングルマザーはさらにプレッシャーが強いのですが、だれが正当で、誰が正当ではないということはないんじゃないか、ということも伝えてきました。自分の家族もこの世の中にある多様な家族の一つだ、と思えばいいのです。

母子家庭のお母さんや子どもは可哀想だという意識は、だんだんと減ってきていますが、まだまだあるのも事実です。ふしだら、不道徳と見る人もいないわけではありません。離婚や死に別れをしたことで、いつの間にか差別と経済的な階級差の構造の中に入れられてしまうのです。「可哀想」といわれると、ちょっとした壁ができてしまいます。可哀想という意識ではなく、子どもを育てているという立場では同じ、という視線で、一緒に何ができるだろうかと見てくれればと思います。

私はいまの日本には、問題を抱えていない家庭はないのではないかと思うことがあります。小学校のＰＴＡに行くようになってから初めて知ったのですが、一見何の問題もないような家族でも、その内情をよく聞いてみると、夫の仕事のこと、一緒に暮らしていても会話がない、浮気をしている主婦などといったことがありました。あるお母さんからは、つきあってから何年も経ってから初めて「うちの旦那はほかの女の人のところに行ったきり、もうずっと戻ってきていない。子どもに伝えていいかどうかわからない」といわれたこともあります。「普通の家族」という形にこだわって、外面を整えている努力は恐ろしいほどです。しかも、子どもが大きくなればなるほど夫婦関係は難しくなっていきますし、子どもはその状況を敏感に感じて育っていくのです。

そうした現実を見ていると、はっきりいって、日本の家族はシングルマザーがいいとか悪いとかいったレベルを超えてしまっているように思えるのです。

外見を整えることに汲々《きゅうきゅう》とするのではなく、みんなが本音を出し合い「うちはね……」といいあえた方が、子どもにとっても自分自身にとってもプレッシャーが少ないのではないかと思えてなりません。

子どもにとっては、安全で、愛情を注いでくれる大人がいるということが大事なことです。それが両親であればその方がいいと思います。おじいちゃんやおばあちゃんでもいいし、親以外の大人であってもいいと思うのです。

誰もが生きやすい社会に

子育てという初めてのことをすると誰にとっても大変です。特に仕事と子育てを両立しなければならないシングルマザーにとっては困難なことが多いものです。そこで私たちは、シングルマザーに関するさまざまな情報を届け、母子家庭同士がつながり、助け合うことが大切だと考えてきました。しかし、若い人は助け合いがへたになってきていて、孤立している人が増えています。

何が原因なのかわかりませんが、私には世代的なもののように思えます。学校教育が変わったためか、競争社会が激化したためなのか、同じ立場の人間が競争相手になってしまう中に暮らしてきた人が親になっている、という感じがします。

でも私たちのグループに参加する中でそれぞれが自分のことを語り合い、支え合って、子ども同士も一緒に遊んだりします。

孤立という問題は、シングルマザーに限ったことではないでしょう。

シングルマザーが生きやすい社会であるということは、子ども全般に対する社会的なサポートが整っているということであり、女性の収入が上がるという、とても基本的な生活環境の問題です。そうしたことが充実していくことは、どんな家族にとっても暮らしやすくなるはずです。児童手当がある、子どもを安全に遊ばせられる場所がたくさんある、親たちのネットワークができるようなきっかけがあるといったことは、シングルマザーだけに限ったことではなく、現代のどこの家庭にも関係することだと思います。

その意味では、シングルマザーの問題をシングルマザーに特化して考える必要はないと思います。もちろんシングルマザーだけのネットワークも必要ですが、基本的な問題はそういった共通の〝子どもを育てる環境〟なのです。

社会保障の学者は「未婚のシングルマザーが楽しく生き生き生きられるどうかは、その国の社会福祉制度を計る指標になる」といっています。その点からすると、今の日本がかなり厳しいということは、子どもを持つ誰もが共感するのではないでしょうか。

※この原稿は赤石千衣子さんのお話を編集部でまとめ、赤石さんにチェックしていただきました。

シュタイナー・レポート／ブラジル

6歳までの子どもたちの、健康と学習を改善するために

ブラジルの「子どもたちの未来」への実践

小貫大輔さん（CRI代表・在ブラジル）

16年前、シュタイナーの考え方の実践によって、ブラジルのファベーラ（貧民街）を再生する現場でボランティアとして活動した小貫さんは、いま、再びブラジルに赴き、妊娠・出産から6歳までの子どもたちの健康と学習、さらに家族の環境を改善するための活動に従事しています。

ブラジルの「子どもたちの未来」のための実践をレポートしていただきました。

おぬき だいすけ
1961年東京生まれ。88～93年までブラジルのファベーラ（貧民街）でのシュタイナー思想の共同体でボランティアに参加。その後のJICAやNGOで活躍。現在、日本の教育を自由化、多様化するための活動を続ける。CRI（Children's Resource International）代表。著者にブラジルのサンパウロの貧困の町モンチ・アズールで、シュタイナー思想にならって教育、医療、福祉の活動を繰り広げた体験奮闘記『耳をすまして聞いてごらん』（ほんの木）がある。

健康と学習、そして平和な市民を育むプロジェクト

昨年（2003年）の3月より、ブラジルはサンパウロという街で、市の保健局とJICAという日本政府の国際協力機構が協力して実施

するプロジェクトで働いています。私が、16年前にモンチ・アズールというファベーラ（貧民街）で5年間ボランティアをしたことのある街です。プロジェクトのパイロット地区もこのモンチ・アズールの位置する地域を選び、勝手知った古巣で、モンチ・アズールの全面的協力をえて、のびのびと仕事をさせてもらっています。（シュタイナー思想に基づいたモンチ・アズールの活動については、ほんの木から『耳をすまして聞いてごらん』と題した本が出版されているので、ぜひご覧になってください。）

私のプロジェクトは、「初期の子ども時代（妊娠期から6歳頃まで）」を改善することを目的としたもので、その名前を「ピーパス（PIPaz）」プロジェクトといいます。これは、「初期の子ども時代（Primeira Inf_ncia）」の頭文字「P.I.」と「平和（Paz）」という言葉を組み合わせて作られたもので、初期の子ども時代を改善することは、健康と学習の基礎をつくると同時に、平和な市民を育むことにもつながることを強調しての命名です。「ピーパス」という名前は、空にたくさん凧《たこ》（ピーパ）がとんでいるところを連想させるものでもあります。

プロジェクトの準備段階、そして開始当初に保健局で話題になったのは、「今日のブラジル社会の最大の保健問題は暴力である」ということでした。

ストリート・クライムの増加がやまないブラジルでは、人口1億7千万人の国で毎年4万5千人もの人が殺人によって命を失っています。サンパウロ市（人口約1千万人）の殺人による死亡者数は一日平均で16人、年間で6千人弱（5990人、2001年）で、20年前と比べて80％も増加しています。

他方、サンパウロ市の乳幼児死亡数（2001年）はその半分の年間3千人弱（2928人、一日平均8人）で、20年前と比べて73％減少していることと比べると、「暴力」が今日いかに重大な保健問題となっているかがわかるかと思います。しかも殺人の犠牲者の4割以上は15～24歳の青少年で、赤ん坊のときに死ななくなっても結局この年齢で死んでいるだけ、という観があります。

暴力に対する取り組みには、警察機能の改善や、緊急医療体制の充実、学校での平和教育、マスコミを通じたキャンペーンなど、いろいろなアプローチが考えられるでしょうが、本プロジェクトでは、妊娠・出産からはじまって6歳まで続く「初期の子ども時代」の質を改善することを通じて、最も基本的・普遍的な部分で「平和文化の構築」に貢献しよう、ということになったのでした。

妊娠・出産から6歳の子どもまでを対象に

今日、特に脳科学の著しい進歩もあって、「初期の子ども時代」の発育・発達に関する科学的理解（日本では「赤ちゃん学」と呼ばれます）が急速に深まっています。かつては「人生のごく初期の経験は、後の発達にあまり影響を及ぼさない」と考えられていたのが、今日は、「人生の初期の経験は、脳の構造と大人になってからの能力について決定的な影響を及ぼす。脳の発達は直線的なものではなく、異なった知識や能力を獲得するにはそれぞれの〈適切な時期〉というものがあって、早すぎても遅すぎてもいけないその時期に、子どもが周りの大人や世界と交わす相互作用は、直接的・決定的な影響を及ぼす」ということがわかってきたのです。しかし、そのような科学的知見は、まだまだ保健医療や幼児教育、子育ての現場で十分に役立てられていません。

本プロジェクトでは、①妊娠・出産期のケアから始まって、②新生児のケア、③3歳までの赤ちゃん・幼児の発育発達、④6歳までの幼児教育について、科学的知見と実践とのギャップを一つずつ点検し、そのギャップを埋めるための作戦を立て、実施していくことを目的としています。

プロジェクトでは、モンチ・アズールのある辺りから南に広がる人口約120万人の地域をパイロット地域として選び、地域の公立病院、学校、様々なNGOなどと協力してモデル・プロジェクト作りに取り組んでいます。特に、「家族にやさしい病院構想」や「(中高生向け)これから親になる君たちへコース」と題した活動は好評で、プロジェクト2年目をむかえて市内の他の地域に広げる準備を進めているところです。

プロジェクトではまた、パイロット地域での活動に役立てるために様々な教材の開発もおこなってきました。これまでに陣痛期・出産時の姿勢に関するビデオとポスター、母乳育児に関するビデオとパンフレットを作りました。特にビデオ教材は全国で需要が高く、各地の病院や保健局からの問い合わせが殺到しています。現在はその第3弾、乳児の発育発達に関するビデオを作製中です。

プロジェクトにとってもう一つ重要な柱となるのが、保健・医療や教育サービスの枠をこえて「社会一般」に働きかける活動です。「初期の子ども時代」を大切にすることの意味、特にそれが「平和文化構築」に結びつくという視点について広く社会に訴えるために、プロジェクトが呼びかけ人となって、市の保健局・教育局、国連機関や様々な市民社会組織を集めて委員会を作り、昨年の8月と9月、今年の4月には大きな催しを開きました。

「平和文化における初期の子ども時代委員会(CoPIPaz)」と名づけられたこのグループは、月に一回定例会議を開くほかに、出版やイベント開催などの活動を続けています。次回の催しは、'04年11月の「出産と出生のヒューマニゼーション」に関するシンポジウムの予定です。

より人間らしくすること

このプロジェクトをまかされる前、私はブラジルの中でも貧しい東北部の州で、やはりJICAの実施する母子保健プロジェクトに参加し、準備期間を入れると6年間、2001年まで「出産と出生のヒューマニゼーション」というテーマに没頭して働いたことがありました。お産関係者の間では、「光のプロジェクト」のニックネームでよく知られるようになったプロジェクトです。

「ヒューマニゼーション」とは「より人間らしくすること」を意味する言葉ですが、ブラジルの出産・出生の状況は貧しい階層の人にとっても豊かな階層の人にとっても、それぞれの理由でまさに「非人間的な」サービスがまかり通っていることから、それを改善しようというプロジェクトだったわけです。

公立病院の分娩室が野戦病院然の混乱を極めている一方、私立の分娩クリニックの帝王切開率は一般に90%を越えるような状況で、「光のプロジェクト」はブラジル社会の大きな注目を集め、「出産・出生のヒューマニゼーション運動」が全国に飛び火していくことに貢献しました。

「光のプロジェクト」当時、ブラジルの保健省もやはりこのテーマを重要視して、出産と出生のヒューマニゼーション全国プログラムをたちあげて、①公立病院の帝王切開率を資金源から制限、②産科看護婦が日本でいう助産婦のような役割を担えるように法改正、③産科看護婦養成コースを全国で開設、④助産所開設を全国で推進、などの政策を打ちだしました。しかし、そのような政策は医師会、産科婦人科医協会からの激しい反発をうけて、いまだに「向かい風」の状況が続いています。最近ではリオ・デ・ジャネイロ市の保健局が開設した助産所が、医師ぬきで産科看護婦だけで運営されていることから、リオの医師会に「危険」であるとして閉鎖を請求する訴訟をおこされているほどです。

いまだ抵抗勢力と激しく攻防を繰り広げる「出産・出生のヒューマニゼーション運動」ですが、「ヒューマニゼーション＝より人間らしくする」という言葉遣い自身は誰にも逆らうことのできぬ道義として、ブラジルの保健・医療分野で広く浸透するようになりました。病院の受付で長蛇の列ができないようにすることも「ヒューマニゼーション」なら、医療者が患者に自己紹介をすること、小児科病棟でおもちゃコーナーを設けたりすることも「ヒューマニゼーション」と考えられるようになってきています。

連邦政府の保健省もヒューマニゼーションを国の重要政策と位置づけて、今年からは、全国から優秀なヒューマニゼーション・プロジェクトを8つ選んで賞金を出す「ダビー・カピストラーノ賞」を設けています。ダビー・カピストラーノとは、前政権で出産と出生のヒューマニゼーション全国プログラムを推進した偉大な公衆衛生医の名前です（彼は残念ながら2000年に早世されました）。

広がりつつある「カンガルー・ケア」

保健・医療の様々な分野に広がりつつある「ヒューマニゼーション」ですが、中でもよく「運動」として力をつけてきているのが、未熟児・低体重児のケアをスキンシップの観点から改善しようという運動です。子どもの親がいつでも新生児集中治療室に入れるようにすること。「カンガルー・ケア」といって、子どもを保育器から出して親の胸に抱かせ、その上から暖かく包んでやることで保温を確保し、同時に親子の絆形成を助け、母乳育児も推進しようという一石三鳥のやりかた。そこまでできないまでも、家族が保育器の中に手を入れて包み込むような仕草で子どもに触れ、静かな声で話しかけること（日本ではタッチ・ケアというのでしょうか）などが、ブラジルの病院ではゆっくりと、しかし確実に広がりつつあります。

プロジェクトでも、まずはパイロット地域の病院で一連の「ヒューマニゼーション」を実現しようと、昨年来、いろいろと努力を続けてきました。最初に手をつけたのが、小児科病棟の「おもちゃライブラリー」開設と院内スタッフ全員を対象にした母乳育児に関するトレーニングとキャンペーン、そして「母乳バンク」の開設でした。未熟児・低体重児というのは、内臓が完成していないうちに生まれてきてしまうので、牛の乳を素にした人工栄養だと胃腸が壊死《えし》してしまうことがあります。新生児集中治療室のミルクをすべて「人間の乳」にかえた２００3年には、院内の乳児死亡率が前年と比べてなんと半分に減ったのでした。

そういった一連の活動でスタッフ間にいい雰囲気が生まれてきたところで、今年に入ってからはいよいよ「カンガルー・ケア」の導入を始めました。母乳育児の推進、母乳銀行の開設で乳児の「死亡率」が下がることはわかっていたのですが、そうして死ななくなった子どもたちの「子ども時代の質を改善しよう」というのが、プロジェクトの本来の目的です。

ここへ来てようやくプロジェクトの本番が始まったと言っていいでしょう。いままで「家族・ビジター＝ばい菌」のように考えられてきたものを、「家族＝最大のパートナー」という発想に切り替えていくわけです。なかなか苦労も多いのですが、まずはカンガルー・ケア用の椅子を購入したり、文献勉強会を開いたりすることから手をつけて、院長はじめ理事たち、小児科・産科スタッフの考えもよく統一されてきたところで、関係部署のスタッフ全員のトレーニングと、地域の保健所スタッフのトレーニング、新生児集中治療室の改装を実施しました。

この8月にようやく最初のカンガルー親子が

生まれたところで、まだまだ手が抜けない状況です。この方法が子どもの発育発達にどのようなインパクトを持つことになるかを調べようと、サンパウロ州保健研究所の協力をえて事前・事後比較の調査も実施しています。

「シュタイナー風」の院内助産所

カンガルー・ケアの導入を進めているところで急浮上したのが、出産ケアのヒューマニゼーションというテーマでした。カンポ・リンポ病院というこの病院は、人口120万のパイロット地域にたった一つしかない病院で、その分娩センターは地域の出産の4分の1ほどしか受け入れることができていません。常に超満員で、しかも正常分娩も帝王切開も流産の処置もみんな同じ分娩室でおこなわれるため激しく混乱していて、まさに「野戦病院」状態。これを何とかしないことには、母子保健サービスのヒューマニゼーションはありえないのです。

それでまず手をつけることになったのが、「院内助産所」の開設でした。帝王切開、ハイリスクの出産や流産の処置とはまったく違った場所で、リスクの低い産婦のケアをしようというわけです。そのようなスペースを院内助産所と呼ぶのは、日本の助産所のように医者ではなく助産士（ブラジルでは産科看護婦という）が、ケアの中心となるからですが、やはり日本の助産所のように、夫や家族の参加、自由な出産姿勢を大切にしたい気持ちからでもあります。

カンポ・リンポ病院はモンチ・アズールのすぐ近くに位置していて、この院内助産所の開設とスタッフのトレーニングには、モンチ・アズールの助産婦と産科医の協力をえてきました。

ファベーラの子どもたち（ほんの木『耳をすまして聞いてごらん』より）

施設の壁もモンチ・アズールの水彩画アーティストに手伝ってもらって、かなり「シュタイナー風」に仕上がりました。モンチ・アズールにはブラジルで出産・出生のヒューマニゼーション運動に火をつけた助産所活動の歴史があり（詳しくは前述の拙著、または『十五歳の自分探し』［小学館刊］を参照ください）、その助産所を再開しようとしている中で、いい準備運動にもなっているようです。

赤ちゃんと家族にやさしい病院づくり

パイロット地域のカンポ・リンポ病院で実施されつつある一連の改革は、ブラジルの表現でいえば「母子保健サービスのヒューマニゼーション」なわけですが、それを何かもう少しわかりやすい表現にできないかと頭を絞ってみました。院内のスタッフにも、病院を利用する地域の住民たちにもわかりやすい言葉で……と考えて思いついたのが「家族にやさしい病院カンポ・リンポ」というキャッチフレーズでした。お気づきの方もいるかと思いますが、「赤ちゃんに優しい病院（Baby‐friendly Hospital）」という、UNICEF《ユニセフ》・WHOの母乳育児推進作戦のコピーです。「赤ちゃんに優しいだけでは不十分、家族に優しい病院、というか家族の絆を深めることに貢献できる病院をつくろうよ」と提案してみると、これが好評で、カンポ・リンポ病院だけでなく市の保健局長以下の関係者たちも支持してくれています。

セアラ州での「光のプロジェクト」のときもそうでしたが、名前ってプロジェクトの成功にとって重要な要素だと思います。私はもともと文学部の出で、どうもそういうところに関心が向くようです。「家族にやさしい病院」のロゴマークも作って宣伝に努めているところです。

市の保健局との間では、来年早々この構想を市内の他の3つの病院にも広げることに話が決まり、今から準備に忙しくしているところです。この原稿ではスペースがなく紹介できませんが、「これから親になる君たちへコース」という中高生向け子育て準備教育にも力を入れていて、現在のところ、この二つのキャッチフレーズがプロジェクトの看板になっているところです。

連載マンガ&エッセイ

子育てほっとサロン

どんな子どもになってほしい？

文・絵／藤村亜紀さん

かりん生後3か月。「やったー。お父さんを寝かしつけちゃったー！」

こんにちは

「子どもたちの幸せな未来」を考えるシリーズも第三期を迎えた。人間だと三歳だ。おめでとうございます。ところで二歳の子どもというのは、なーんであんなにワケがわからんのだ？　うちの子はその頃、やたらと引き出しが好きだった。タンスを開ければ大根とじゃが芋が転がっていたし、冷蔵庫には誰かのパンツがいい具合に冷えていた。せっかく外に遊びに出ても「だっこお」だし、眠くなっては大泣きするし。「一人で遊べ」、「泣かずに寝れ」と何度大声張り上げたことか。まあ、かわいい盛りと言われればその通りだけど。

しまった、第三期の話からかなり脱線してしまった。これだけ外せるのは、だんなのギャグと私くらいのものか。それはさておき、子どもと同じようにこのシリーズもパワーアップしている。誌面は小さくなったものの、ページは増えた。新企画と毎号のそそられるテーマに、より充実した内容となる予感がする。わくわく。

そんなわけで、この「子育てほっとサロン」も新装開店。「漫画もいいけど字も書きたいな。子どものお便り帳に返事書いているだけじゃ、どんどん漢字忘れるよ」との私の思いが通じたのか、エッセイも書かせていただけることになった。「エッセイ」と呼ぶにはあまりにもお粗末で、単に独り言を文章化しただけ、と言う気がしないでもないが、大丈夫。そのうち慣れる。人間には、次第慣更嗜好癖が備わっているから。(「自然治癒力・免疫力」より)うそです、ごめんちゃい。

それではしばし肩の力をほ～っと抜いて、当ほっとサロンでおくつろぎください。

どんな子どもになってほしい?

その昔、私がまだ尻の青い、いやほっぺたの赤いおてんば娘だった頃、我が家で唯一芸術的な父・寿《ひさし》は娘に莫大な夢を託したものだ。

テレビでバレエの公演を見ては「バレリーナになりなさい」、オーケストラの演奏を聴いては「演奏家になりなさい」と、四六時中この調子。な～んにも気にしてなかったけど。(気にしていれば、人生変わっていたかなあ、ぶつぶつ)

今、自分も親となって、子どもに何を望んでいるだろう。

父・寿よろしく、職業的観点から行けば、調理師になってもらって毎日食事を作ってくれたら料理嫌いの母ちゃんは助かるなあ、とか、世界中を股にかける冒険家になったらおもしろい話が聞けそうだ、とすっとぼけたことを考えたりする。けれどそれは子ども自身が決めること、好きな道を歩んでくれたらそれでヨシ。

「どんな子どもになってほしい?」

私のまわりのお母さんたちにこう投げかけると、たいていこんな答えが返ってくる。

「優しい子ども」、「友達がたくさんいる子ども」、「思いやりのある子ども」、「素直な子ども」。

うんうん、そうだね。ありふれた答えではあるけれど、一つ一つに親の深い思いが刻み込まれている気がする。短い言葉の中に、「この子が人に好かれますように。どうか幸せな人生を送れますように」、そんな願いがぎゅうっと込められているんだろう。そんなことをつらつらと考えていたら、親というのは強欲なものよ（私だけか?）「あ、まだ あった」とひらめいた。

「これだよ、これ。あたしゃ絶対こんな子どもになってほし～い」

自分を「大好き」と言える子に

なんていいことを思いついたんだろう、私は。しばし悦に入り、ご褒美《ほうび》に冷凍庫の奥に隠しているリッチなコーヒーを煎《ぃ》れた。う～んマンダム（?）。
〝自分を「大好き」と言える子に〟（以下自分大好き）なんと美しい響きだろう。ああ、私もなかなか隅に置けないわ。（何が?）
読者の皆様は、「それっていったいどういうことなのよー?」と疑問に思われたことだろう。しかしながら、これを一言で言い表すのは非常に難しい。なので三言で表そう（?）。
ひとつ　自分自身の価値をわかる子ども
ふたつ　自分の体や心、命を大切にする子ども
みっつ　人生を楽しめる子ども
これら全てをひっくるめての「自分大好き」、なんである。

「いや～、じつにいい考えだ」

とは思ったもののしばらく口には出さなかった。何かしら裏付けがあって導き出されたものではなかったため、人に話す勇気がなかったのだ。こう見えても結構小心者なのよ、えっへん（いばるな）。

それから幾日かたって、ある講演を聴きに出かけた私は、ぽんと背中を押された気がした。青少年事件を専門に手がける弁護士さんの話だった。いじめ、暴力、恐喝、殺傷。さまざまな事件を起こした子どもたちと日々接しているその人は言った。

「犯罪を犯す子どもには、共通点があります。そのような子どもたちは皆一様に、自分に自信がないのです。自分を否定してしまっているのです」

「俺は何をやってもだめなんだ」

「私なんて、生まれてこなければよかったのよ」

そうやって、自分を否定するのだと言う。

「あんたなんか、いら

ない子だった」と、親から言われる子どもも多いそうだ。

そんな、自分を否定する気持ちが犯罪を招いているのだ、と。

固有の価値

けれどもそんな子どもに自信を取り戻させるため、ひいては子どもを犯罪者にしないためにたった一つだけ方法がある、とその人は語った。それは、誰かがその子の固有の価値を見いだし、認めてやることなのだ、と。

「おまえはこんなことができるじゃないか」と。「おまえのここはすごいな」と。「おまえ、いいもの持っているじゃないか」と。

「その子の中にだけある、きらりと光る何かを引き出し認めてやる。それがその子に自信をつけ、いい方向に伸ばしてやる最善の道です」

途中何度か睡魔に襲われ首がカックンしたけれど、なんとためになる話だったことよ。

固有の価値を認めることで子供は自分に自信を持つ、か。自分に自信がつけば、自分を好きになれるよね。それって自分大好きってことだよね？　そーだ、そーだ、きっとそーだ。私のひらめきは間違いじゃなかった、う～んマンダム！　さあ、これで勇気百倍。

「皆さん、自分を大好きと言える子に育てようではありませんか」

これからは声を大にして伝え歩くどおお。

みんな大好き

でも待てよ。血気盛んに雄叫《おたけ》びをあげる私に、「もう少し考えなさい」の声がする。

「自分大好き？

それだと自己中心な人間になりはしないか。

自分だけがかわいくて、自分さえよければいい、そんなわがままな人間になりはしないか」

最高潮に達していたボルテージがひゅ～んと落下した。

うーん、そうかもしれん、そうかもしれんなあ。私だったらそんな鼻持ちならない人とはお近付きになりたくないな。そんな子どもにゃ、なってほしくないな。

でもどうなんだろう。自分大好きな子どもは自分だけが大好きで、他の人はどうでもよくなってしまうのかな。

思うに子どもが自分を好きになるには、人から大切にされたり必要とされる経験が大きくものを言うのではないか。

「おまえは大事な子どもなんだよ」

「大好きだよ」

「生まれてきてくれてありがとう」

そんな親や祖父母、周りの人の言葉や態度から、「そうか、ぼくって（私って）大切な子どもなんだ」と気付くのではないか。そんなふうに自分の価値や重要性、命の重さ、かけがえのなさを知るのが第一歩で、このベースがあってこそ〝自分同様他の人も大切な存在なんだ〟といつかわかる時がくるんじゃないかな。

「あの子もこの子も、ぼくと同じ一人の人間。

あの子もこの子も、一人一人が大切な人。

みんなみんな大切な命」


難しいことはよくわからないけれど、まずは「自分を大好き」な子どもを目指そう。大切にされている実感がぶくぶくと自然発酵し、いつか周囲の人も尊重できる人間になるように。

次回は、子どもが自分大好きになるために、我が家で実践していることをお話しします。

ほとサロ ~~大~~ 小劇場

『お客さまごっこ』の巻

ピンポーン ピンポーン
ピンポーン
ピンポーン
はーい どなた？
古い集合住宅なので、この音が各家々にやたらと響きわたるのだ。
おーい、迷惑になるから お口で「ピンポン」って言ってごらん
はーい
おくちで？
うっえ〜ん でぢにゃい〜
もお、何やってんだか
どしたの？！
ぽっ…
うんしょ
うんしょ
おくちじゃ ピンポンでぢにゃいの〜

はてさて、新しくなった ほっとサロンは いかがでしたか？

子育てには うれしいこと、笑えることも いっぱい ありますが「ああー、ひとりになりてえー!!」と 叫びたくなることも。

そんな時 このページでリフレッシュしてもらえると うれしいな♪

ここに描いた官舎とは もうすぐお別れ。転勤族の我が家ですが 娘の小学校入学を前に小さな家を建てました。ずっとあたため続けている 私の夢を叶える場でもあります。どんな夢かって？ それは次回のお楽しみ！

See you.

子育てママの元気講座

心はいつも晴れマーク

文・イラスト　はせくら　みゆき　さん

第一回　ゆっくりお風呂に入ってる?

北海道生まれ。25歳で結婚、夫の転勤に伴い大阪、福岡、横浜に暮らし、現在は沖縄在住。長男出産後、育児サークル「ポニーランド」を結成し、育児支援のモデルケースとなる。その後、食と生命を考える「ほしのこくらぶ」を発足。現在は新聞、雑誌を中心にイラストエッセイを連載他、個展やアートセラピーのワークショップを全国で開催している。アロマテラピーのインストラクター。「今日も元気」がモットーの3人の男の子のママ。著書に『試して選んだ自然流子育て』(ほんの木)、『しあわせの育て方』(グラフ社・ペンネームは星野マナ)がある。

こんにちは。はせくらみゆきです。これから一年間にわたって、お母さんの心がスッキリと元気になる、エッセイとセルフワークをお伝えします。私もみなさんと同じように、現役子育てママ。でも長男がもう中3なので、ちょっとだけ先輩ママになってしまうかな?

今回なぜこのようなテーマで、お話したかったのかというと、自分自身を振り返った時、精神的には、やはりキツかったからなんです。もちろん、子どもはかわいいし、家庭もほぼ円満でした。育児をしている私も元気でパワフルでした。けれどもその元気さは、奮《ふる》い立たせた元気であって、心が満ち足りて生まれてくるパワーとはちょっと違っていたんですね。

山のような洗濯物、終わらない家事、夫の無理解、ママ同士の人間関係、仕事との両立……実をいうとストレスいっぱいの毎日だったのです。

それでも何とかやれたのは、子どもの成長する姿だったり、道端の自然や夫のひとこと、友人の協力など、ちいさな喜びの種もたくさん蒔《ま》かれていたからなのでしょう。

　できることなら、心から喜び、笑い、子育てと言うライフサイクルの今をまるごと楽しみたい！　と切に思っています。それにはまず、お母さんが生き生きとしていなくっちゃ、ネ！　そう、ママが元気でないと、家庭がどんよりしてしまうもの。

　シュタイナーも自然流も、すてきなこといっぱいあるけれど、ママのパワーがあって初めて、持続が可能になるのです。

　まずは、お母さんである私たち自身の心の井戸を見つめることで、一つひとつ満たし、しっかりと潤《うるお》わせてあげましょうね！

お風呂でリラクゼーションしよう！

　子どもが小さいと、本当にこまごました仕事が際限なくありますよねー。オムツの取り替え、洗濯、離乳食（幼児食）、授乳、家事に雑用その他云々で、休む暇がないほどです。今でこそ、下の世話？　はなくなり、ずいぶんラクにはなったのですが、本当に〝おかあさんの手は働き者の手〟だと思います。

　ところで最近あなたはゆっくりお風呂に入っていますか？　子どもと一緒に入っているので、入った気がしないという人。たとえ一人で入っても、いつ赤ちゃんが泣くのか気になってゆっくり入れないという人。さまざまでしょうが、私のオススメはぜひ、一人で汗が出るまでゆったりとお風呂に入ってリラックスしてほしいなあと思います。

　なぜならそれが、一番手軽なリラクゼーション&リフレッシュタイムにな

れるからです。汗をかくまで浸《ひた》ると、汗と一緒に体内毒素も流れ、免疫力も高まり、元気度がグンとアップします。身体の調子が冴《さ》えなかったり、風邪気味のときは特にオススメですョ。それだけで回復してしまうことがよくありますから。

私の場合、お風呂で聞けるCDなどを用意して、即席ヒーリングルームにしてしまいます。そして、お気に入りの本や雑誌も持ち込んで、BGMをバックに本をめくったり、一日を振り返りながらボーっと考え事をしたりするのです。時には、目をつぶり瞑想をすることもあります。

日々、すべきことばかりに追われていると、どうしても心もカリカリ、肩も凝《こ》ってバリバリ！といった状態に陥《おちい》りやすいのですが、毎日入るお風呂タイムをうまく活用すると、心も身体もグンとパワフルになってきますよー。

ぜひ試してみてくださいね。

もしどうしてもお風呂は子どもと一緒に、一度きりですませたいわという方は、一緒に長風呂というのはいかがです？（実はよくやっていました）おもちゃなどを用意して、子どもを立たせたまま湯船の中で遊ばせるのです。親もお風呂の中までは、家事や雑用に

ミニワーク① 自分を知る

あなたが心地良いものは何？

Q. 今、一番やりたいことは何？ A.

Q. 今、一番食べたいものは？ A.

Q. 今の季節で好きな五感は？ A. みえるもの、きこえるもの たべるもの、香り、ふれるもの をそれぞれさがしてね。

Q. 今、一番聞きたいCDは？ A.

Q. 今、自分にプレゼントするものは何？ A.

Q. 今、どこへ行ってみたい？ A.

Q. 時間がたっぷりあったらやりたいことは？ A.

● 出来そうなもの、やれることから、どんどん実行していきましょう！今、実現出来ないものは、代替案（例．車がほしい→パンフを集めるなど）を実行して、1週間更新で、やりたいことを新しくつくっていきましょう！

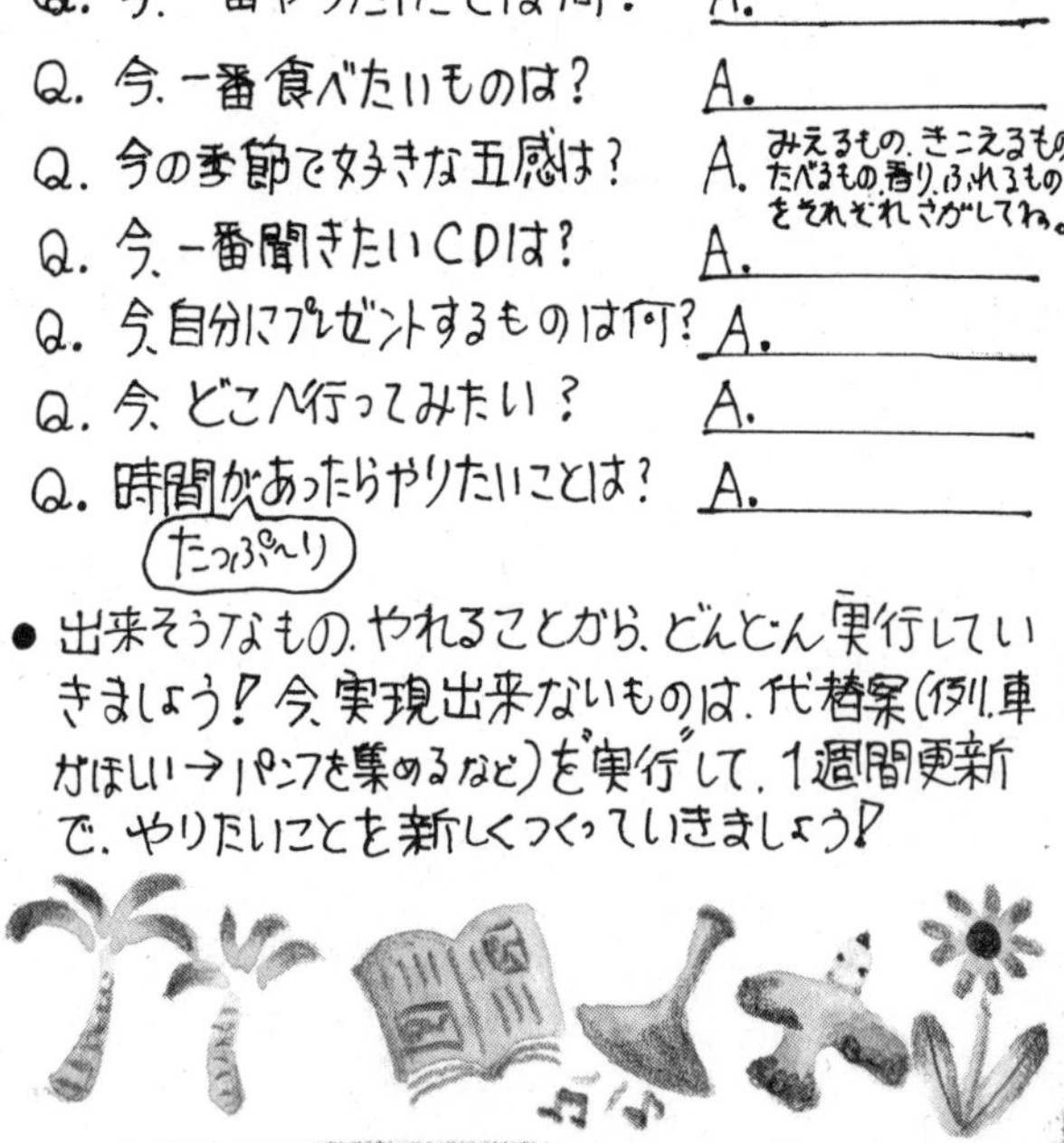

追われることがないので、子どもとのコミュニケーションもバッチリです。

でもこの場合、お風呂タイムを、自分自身を振り返っていく時間にすることは出来ないので、子どもが眠った後のひととき、ぜひともリラクゼーションタイムをもうけて、今の自分を見つめていくといいと思います。やり方は簡単。自分が心地よいと思うことをするのです。思いを言葉に書きとめたり、お気に入りの本を読んだり、すてきな香りに包まれたりと、一日の終わりに、ささやかな自分へのごほうびをしてあげるのです。いつも「頑張らなくっちゃ」では疲れてしまいますよネ。

人生のシナリオづくりをしてみよう

さて、ここで質問をひとつ。

独身時代、社会の一員として仕事をこなし、友と夢を語らい、ポジティブに生きていたはずの自分が、いつのまにか、夫に「食べさせてもらっている」受身の存在になっていて、社会から取り残されていくような、あせりを感じてしまった経験はないですか？

私はしっかりありました。特に、結婚してまもなく夫の転勤で大阪に引っ越し、長男が生まれた頃がピークでした。久々に梅田（大阪駅前）の街中を歩いていて、涙が出そうになったことを覚えています。新聞さえろくに見ることもなく、服装も時代遅れ、今世の中がどういう流れなのかも知らない愚かな自分に心底ショックを受けたのです。

それでも思いなおして、今自分の目の前に置かれている状況――つまり主婦業ですが、それさえもきちんとこなすことが出来ない私自身が、本当に情けなく思いました。

「あれっ、どうして一日中家にいるのに、家の中、片付いていないの？」

夫の何気ない一言に心は傷つき、ベビーが泣き叫ぶたびに、自分まで泣きたい気持ちになったのです。

今思えば、そこまで感情的にならなくてもよかったなあと笑えるのですが、当時はそんな余裕さえなかったんですね。二人目、三人目が生まれると、だんだん図太く、ずうずうしくもなって、「掃除が今出来なくたって、どうにかなるわけじゃないから大丈夫よ」とか、「気になるのなら、パパも手伝ってね」などと上手に夫を巻き込む（!?）コツも覚えて、ストレスを必要以上に溜《た》め込まないようにはなりました。

また、家事・育児は「ここまでやったら終わり」というものでもないので、完璧をめざさず、細切れの到達点を作ることも覚えました。

　子育ては時間がたつにつれて、確かに手はかからなくなり、心も身体もゆとりが生まれてくるものですが、とはいえ、育児真っ最中で奮闘している時に、この慰《なぐさ》め（?）は、あまり適当ではありません。大切なのは「今」であって、「いずれそうなるから」ではないんですね。子どもが幼い今も、そして未来も同じようにゆとりをもち、輝いていることが望みなのです。

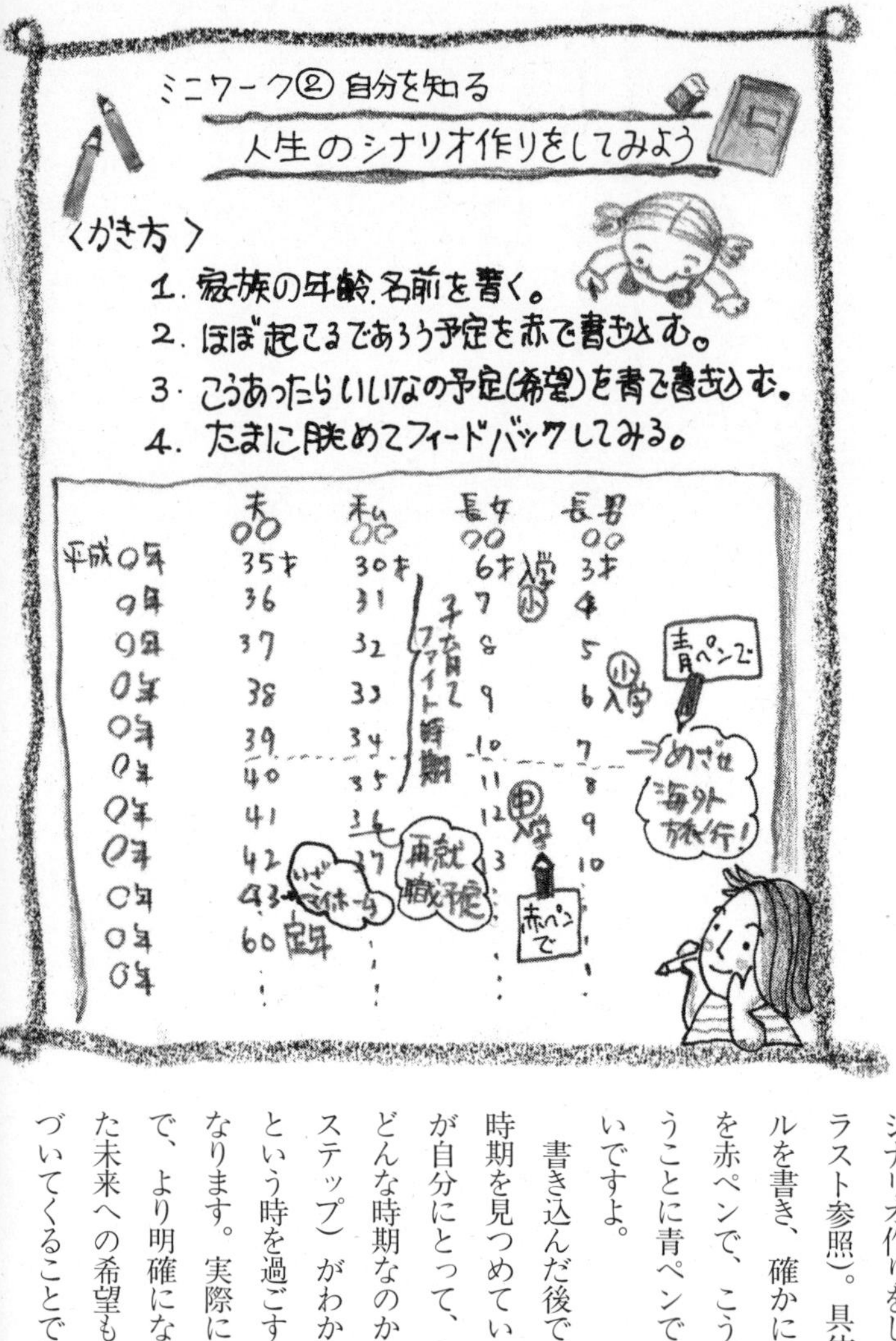
ミニワーク② 自分を知る
人生のシナリオ作りをしてみよう
〈かき方〉
1. 家族の年齢、名前を書く。
2. ほぼ起こるであろう予定を赤で書き込む。
3. こうあったらいいなの予定(希望)を青で書き込む。
4. たまに眺めてフィードバックしてみる。
夫 ○○
私 ○○
長女 ○○
長男 ○○
平成○年
子育てファイト時期
青ペンで
めざせ海外旅行!
赤ペンで
60 定年

　こんな時の私のオススメは、人生のシナリオ作りをしてみることです（イラスト参照）。具体的にライフサイクルを書き、確かに訪れるであろうことを赤ペンで、こうあったらいいなと思うことに青ペンで、記入していくといいですよ。

　書き込んだ後で、今与えられている時期を見つめていきます。するとそれが自分にとって、または家族にとってどんな時期なのかが見え、出口（次のステップ）がわかっている状態で、今という時を過ごすことが出来るようになります。実際に紙に書いてみることで、より明確になり、青いペンで描いた未来への希望も少しずつ実現へと近づいてくることでしょう。

こうすると、誰に言われるまでもなく「今が頑張りどきだわ」とか「忙しいけれど、なんてすばらしい時期なんだろう」「休み休み進んでいこう」など、自らの置かれている状況が冷静に捉えられるようになるので、同じ毎日でも、ハリとゆとりが生まれてくるのではないかと思います。(一度書いておくと、貯蓄をしたり、保険を考える時も、役立ちますよー)

もう一つのオススメは、自分が80歳のおばあちゃんになったと仮定して、今の自分にお手紙を書いてみることです。もちろんまだ実際にその年になっているわけでなないので、想像で書いていくしかないのですけれど！

あの頃はこうだったわとか、これもやったよね、○○して楽しかった、などなど、思い描く夢物語をすでに実現したかのように、おばあちゃんの言葉を借りて書いていくのです。ゲーム感覚でやっていくと楽しいですよー。そうすることで、未来のビジョンや、こうあったらいいなと思うこと、自分の夢がさらに一歩近づいてくることでしょう。

また、幼い頃からの自分、結婚、出産、子育てと歩んでいる流れが、未来へと続く確かな軌跡であることも、自分なりに納得することが出来るので、「私」という主人公がこの人生の中で、どのようにありたいのかも少しずつ見えてくるようなると思います。

どうぞワークを通して今、この時、この時代、生きている「私」を、ありのままに見つめ、観じてみて下さいネ。モチロン自分の心と身体を喜ばせる、小さなごほうびもお忘れなく、ですヨ！

「人間」を育てる

いまいしげたか
青山学院大学文学部教育学科教授。日本ホリスティック教育協会運営委員。
ドイツの中等教育研究を経て、現在はルドルフ・シュタイナーの教育思想と
ニクラス・ルーマンのシステム論とをつなげる仕事を続けている。
共著に『いのちに根ざす日本のシュタイナー教育』（せせらぎ出版）、
『世界の教育改革』（岩波書店）、『内発的発展と教育』（新評論）ほかがある。

ホリスティック教育としてのシュタイナー教育

―今井先生がシュタイナー教育を学ばれたきっかけは何だったのですか?

最初は学生のときに読んだ子安美知子さんの『ミュンヘンの小学生』（中公新書）でした。当時大学院でドイツの教育制度の研究をしていたので、理想的な教育だと関心は持ったのですが、研究対象に取り入れることはありませんでした。

ところが、10年ほど前に改めて勉強してみると、とても納得できる理論であり科学と両立する考え方とわかったのです。教育思想をいろいろ勉強してきましたが、シュタイナーの思想は21世紀の思想であるという確信を持つようになりました。

そのころちょうどホリスティック教育も出てきたので、ホリスティック教育というスタンスでシュタイナー教育をとらえてみたわけです。

―ホリスティック教育とはどんな教育ですか?

ホリスティック教育の提唱者のひとりであるジョン・ミラーは、ホリスティック教育では「全体性・包括性」「バランス」「つながり」が重要だといっています。

最初の「全体性・包括性」は、すべてを含むということで、頭だけを育てるのではなく、知育・徳育・体育といった子ども全体を教育するとか、多様な教育方法を取り入れる、障害児らを差別しないなど、さまざまな意味での全体性・包括性という意味です。

「バランス」は、体と心のバランスや他者と自分のバランス、先生主導と生徒主導、直感と論理的思考、知識の修得と学ぶ過程を大切にすることなど、いろいろな意味があります。

最後の「つながり」も、人間同士、人間と動物、教科と教科、論理と直感、心と身体、個人とコミュニティ、人間

Interview
子育てインタビュー

シュタイナー教育は

今井重孝さん（青山学院大学文学部教育学科教授）

子どもの知力や運動能力などのさまざまな面を分割して育て、評価するような現在の教育ではなく、子どもという一人の人間を包括的に見つめ育てようとする教育を「ホリスティック教育」と呼ぶことがあります。シュタイナー教育もまたそうしたホリスティック教育の一つと捉えることができるでしょう。
今回は、ドイツを初めとする様々なホリスティック教育を研究してきた今井重孝さんに、ホリスティック教育というもう一つ教育から見たシュタイナー教育の特徴をうかがってみました。

と自然、宇宙など、あらゆるものとのつながりです。そして、この三つのキーワード自体にもつながりがあります。

いまの教育をよくしたいという新しい動きは、この三つのいずれか、あるいは二つないし三つに取り組んでいます。そこで、「ホリスティック教育」は現行の教育を変えていこうという動きをすべて一括できる考え方だととらえることもできると思います。

――逆にいうと、現在の教育には「全体性・包括性」「バランス」「つながり」が不足しているということですか。

そうだと思います。もっとも足りないのは、身体と心と知能が結びつけて考えられていないことだと思います。

たとえば、身体の発達と心の成長は別であるかのように考えてきました。ですから、さきごろ日本小児科学会が乳幼児のテレビの長時間視聴は言葉の発達や社会性の発達に悪影響があるので2歳以下の子供にはテレビなどを長時間見せない、という提言しましたが、これまではそういうつながりさえ誰も見てこなかったわけです。こういうことは、ほかにもいろいろあると思います。

シュタイナー教育が生まれた背景

――ホリスティック教育が出てきたのは、そうした背景があってのことですか？

それもありますが、もっと長い歴史的な経緯があるんですよ。

この間、ギリシアオリンピックが終わりましたが、古代ギリシアで行われていたオリンピックは神の前に身体の運動を披露することであって、いまのように勝利を競《きそ》うことが目的ではなかったんです。それは心の教育をも含めた身体の教育でした。つまり、「ホリスティック」なものだったといえるわけです。

ギリシア時代の教育は、人間が身体的にも精神的にも本当に健康になるには、両者には密接な関係があるという思想が背景にありました。だからこそ、健全な身体をつくることに専念したのです。ですから、ギリシア時代の教育は音楽的、体育的教育ととらえられています。

——身体的というのは身体を鍛《きた》えるという意味でしょうが、音楽的というのはどういうことですか？

身体的というのも身体を鍛えるというのではありません。いまの体育は足の筋力をあげるとか、腹筋を鍛えるというように、ある競技に勝てるように身体の一部を局所的に鍛えるわけです。そういう訓練は心の教育とは直接的に結びつかないだけでなく、むしろ偏《かたよ》ってしまう可能性があります。そうではなく、身体全体の健全な発達と魂の発達が連動しているという意識があり、それを結びつけるのが呼吸であり、音楽であり、リズムだと考えたのです。だから、リズムに合わせて身体を動かすということがとても大切になったわけです。

ところが、時代が経つに従って、だんだんそうした全体的な教育でなくなり、偏った教育になってきました。

こうした流れの中で一番大きいのは、中世の弁論術です。

弁論術は本来、自分がうまく弁論ができるということが目的でした。弁明できる、論戦できる、演説できること自体が人間としての力であるという考え方だったわけです。だから、大学の試験は口述試験がもとで、筆記試験は後になって導入されました。

しかし、だんだんと弁論術について語れれば、自らは弁論ができなくてもよくなってきたわけです。かつての日本の外国文学の教授が、外国文学について日本語で語ることはできても、その国の言葉をしゃべれなかったというようなことです。

現代の教育は、実は中世のころから始まったこうした変化の延長線上にあるといえます。つまり頭を中心として教育がどんどん進み、それに自然科学が輪を掛けることで局限化したという流れです。特に17世紀の科学革命以降から自然科学的な思考様式が基本的になってきて、頭しか教育しないようになってしまいました。

そして、１８７０年代に欧米でできた義務教育制度は、知育偏重教育の問題性を白日の下にさらすことになりました。義務教育制度によって、それまで教育を受けなかった子どもたちも学校に来るようになりました。子どもたち全員に教育するようになったことで、落ちこぼれや勉強嫌いの子どもも出てくるようになったのです。それまではどんな教育方法でもよかったのですが、教え方を工夫するようになりました。

そして、19世紀の終わりから20世紀の初めに各地で「新教育運動」が起こりました。それがイギリスのニールの教育、モンテッソーリ教育などで、シュタイナー学校もこのような流れの中で生まれました。

つまり、義務教育制度によって初めて子どもの実態に合わせた教育が必要になり、さまざまな工夫がされた。そこで頭だけの教育の限界が見えて、身体全体や作業を行うホリスティックな工夫がどんどんでてくるようになったのです。芸術中心に考える学校や、ただ自由にやらせる学校、逆に主としてアメリカで中心になった能力別に学力を高めようという流れなど、バリエーションは様々ですが、ともかく近代の教育そのものが持っている問題が、子どもたち全員に学校教育を強制することによって明らかになってきたのです。

シュタイナー教育の二つのポイント

——現在のホリスティック教育も、やはり頭の教育の反動としてでてきているのでしょうか？

それは微妙な質問ですね。というのは、ホリスティック教育は知識を軽視するわけではないんです。知識が本当に身に付くためには何が必要なのかということを考えているのです。現代の教育が、頭の教育に偏っていることは誰もが認めるところだと思います。だからといって、そこを弱めるという話ではありません。むしろ頭の教育が本当に深まるためには、意志の教育や感情の教育がしっかりしていないとできないということなんです。ここが重要なポイントです。

本当に有能な大人になるには、あまり早い時期に頭を鍛えるのではなく、ゆっくりやることで大きな花が咲く。早く始めると小さな花しか咲かない、というのがポイントだと思います。つまり、知識を軽視するのではなく、知識だけに集中することで頭の訓練ができるという誤解、人間について誤解が最大のポイントなのですね。

——知識を生かすには知識の教育だけではだめだということですか。

そうです。知識を本当に生かすには頭だけの教育をするのは間違った手段ですし、間違った手段をとると結果も間違った方向に行ってしまう、ということです。ホリスティック教育関係者がすべてそう考えているかはわかりませんが、シュタイナー教育ではそうですね。また、シュタイナー教育でないとここまで言い切れないところがあります。シュタイナーの理論であればすべてが説明がつくし、どうすればいいのかという方針も出てきます。

ほかのホリスティック教育とシュタイナー教育は、表面的には似ているところもありますが、思想的にというか、物事の考え方の深さにおいてはかなり違うと私は思います。

——シュタイナー教育が特に優れてい

るところはどういう点ですか？

人間の発達段階論を7年ごとに分け、第一7年期には意志を、第二7年期には感情を、第三7年期には知性を育てるという子どもの発達段階についての見解がもっとも大きなポイントだと思います。

二つ目は、教師の子どもの見方ですね。シュタイナー教育の教師は、たとえ障害児であってももともと持っている力はすごく高いのだけれど、たまたま障害を持っているだけだと考えます。現状が必ずしもその子の実力とは限らない、何を持っているのか計り知れないので最大限それを引き出すのが教師の役割である。だから、簡単に評価して、だめとかいいとかいえないという思想をもっていれば、絶対に子どもを差別できません。その人間観があるかどうかは大きな違いです。

また、教師は何を教えるかではなく、どういう人間であるかが大事だといわれるわけです。もしも教師が自分で信じていないことを話していれば、信じていないことまで子どもに伝わってしまうというのですから、教師が本当におもしろいと思ったり、本当に伝えたいと思って話すのと、早く授業を終わらせたいという気持ちで話すのでは全然与える影響が違うというわけです。

そういうことが常にシュタイナー教育の教師には問われているわけです。そういう意識を持って教えるのと、そうでないのでは全然違うということが教師に意識されているかどうかは、非常に大きな差だと思います。

成功した早期教育の真実

――生まれてすぐに英語を教えたからできるようになったとか、ノーベル賞をとった数学者は子どもの頃から数学ができたとかいわれますが。

そこには誤解があって、成功した早期教育もあると思います。歴史的に有名なのは、早期教育の父とよばれているカール・ビッテという大学者です。彼は幼児期から、体系的な教育を受けて、5、6歳で3万語の言葉を学び、8歳で6ケ国語を話すことができました。さらに、9歳で大学に入学、14歳で哲学博士の学位を与えられ、16歳で大学の法学部教授に任命されました。

しかし、なぜ彼が早期教育に成功したのかを見てみると、決してシュタイナー教育に矛盾する教え方はされてないんです。身体を動かしたり、散歩にいったりしながら、興味を持つようにしていますし、発達段階にふさわしい刺激の与えられ方をしています。だから、正しいやり方をすれば、本当の意味での英才教育になりうるとは思います。英才教育で成功した例であっても、微妙なところまできちんと検証していけば、単にフラッシュカードをやっているのとの違いは、はっきりでるはずです。

でも、そこがわからないから、早期教育の塾のようなところに行ってだめになっている子どもがたくさんいるのですが、その違いはどこからくるのかということはほとんど議論されていません。弊害の調査は現実的にできません。表には成功例しか出てきません。

――英才教育の成功例はあるけれど、勉強だけでなく普段の過ごし方までも含めて、その背景まできちんとみなければいけないわけですね。

そうです。小さいときから教育して有名な学者になった人も実際にいるじゃないかという意見もあれば、いろいろな病気や障害が起こったのはテレビのせいだけじゃない、別の原因かもしれないというようにいえるわけです。ちょっと水俣《みなまた》病が発生したときと似ているのかもしれませんよね。水俣病が起こったときも科学的な根拠が不十分だという理由で放置されました。同じようなことが起こっている可能性があると思います。

――一方、シュタイナー学校を出たからといって、みんなが優秀な学者やビジネスマンになるわけではないですよね。

もちろんそうです。ドイツでもシュタイナー学校が合わなくて途中でやめる子どももいます。ただ、シュタイナー学校の生徒に特有な能力があるのも確かだと思います。

私はこの夏、ドイツのシュタイナー学校に行って、大学受験のための授業を第13学年の間だけ1年間受けて、7年間試験の準備をしつづけてきたギムナジウム（大学進学を前提とした中等教育機関）の生徒にまさるともおとらないほどの成績で合格する生徒の調査をしてきました。彼らがどういう意識を持っていて、試験への不安はないのかといったことです。

生徒の一人は、シュタイナー学校では日頃からいろいろな問題を考えさせられているから、そういう能力がついている。だから、ある期間、あることに集中してやるという課題があって、それに向けてやればできるという能力があるといっていました

たぶん、記憶に自信があるということもあると思います。シュタイナー学校では小さいときから教師の言葉をノートにとらないので、聞く訓練が行われますから、相対的に記憶力がいいはずなんです。

自分で興味を持たないとやらないというところはあっても、内面からの興味で勉強する癖《くせ》がついているので、やらなければならないとか、やろうと思うと一気に力がつくのではないかと感じました。こういうところにシュタイナー教育のすばらしさがあるのだと思います。

リレーエッセイ
「子どもたちの幸せな未来」

「今」を、生きる、大人たちへ

五月女清以智さん

さおとめ　せいいち
１９６０年栃木県生まれ。中央大学法学部政治学科を卒業後、フリーのライター・エディターとして、環境問題や音楽評論を中心に健筆をふるう。しかし、バブルの影響で住んでいたアパートを次々に追い出され、１９９０年に活動の拠点を栃木県の実家に移す。その頃、取材先から渡された名著「食物と体質」を読み、いたく感銘を受け、味噌屋になることを決意。１９９１年、株式会社春駒味噌醸造（現・株式会社はるこま屋）代表取締役に就任。２００２年から今年２月まで、環境保全型生産者団体「Ｒａｄｉｘの会」会長も務める。また、５年前から３人の甥の子育てに奮闘中。

５年前の夏

「ご家族の方、ちょっと……」。テレビドラマなどでよくあるシーンが、ある日自分の現実のものとなった。なにかの間違いじゃないか。その言葉と、その言葉の意味することを理解するためには、しばしの時間が必要だった。そして、その宣告を機に、我が家の状況は一変した。余命３か月、処置なし。それが姉の病状の、見解だった。春休み、子どもたちを連れて帰省していたとき、体調が思わしくなく、診てもらった病院でのことだった。助けられない、諦めてくれ、ということだ。理解できなかった。まして、幼い子どもたちを残して、誰が諦められようか。その日から、姉を助けるため、治療に専念させるため、３人の子どもたちを転校させて我が家で預かり、家族総がかりでの闘病生活が始まった。それこそ、血眼《ちまなこ》になって全国の病院を探しまわった。奇跡を起こしてくれそうなものがあれば、何にでもしがみついてみた。しかし、姉を助けてくれる、という病院はどこにもなかった。そして、姉も、勝てなかった。１９９９年、夏のことだった。

当時、姉の子どもたちは男の子が3人。小学5年生を筆頭に、3年生、幼稚園年長組と、まさに育ちざかりだった。子どもたちの生活環境なども考慮し、子どもたちをこのままお願いしたい、という義兄の希望で、そのまま預かることにした。それまで我が家は私たち夫婦と両親の4人暮らし。そこに元気な男の子が3人参戦してきたことで、我が家は一気ににぎやかになり、活気に満ちてきた。落ち込んでいるひまはない。ともすれば後悔の念や寂しさに押し潰《つぶ》されそうになりがちなところを、子どもたちの無邪気なエネルギーが救ってくれた。彼らが元気でいてくれることが、何より救いだった。

ただのおじさんから、親代わりの存在へ——。私の立場も大きく変わった。責任も変わった。悩む余裕もないほどに、日々は慌《あわただ》しく過ぎて行く。

人間の勘違い

実家に戻ってくる前、私は東京で雑誌の編集に携わる仕事をしていた。もう時効だろうが、一度だけ、姉にその仕事を手伝ってもらったことがある。動物番組をまとめた単行本の原稿が間に合わず、姉にも手伝ってもらった。当時、家庭用のビデオはまだあまり普及しておらず（ビデオどころか私はテレビさえなかった）、近所の後輩からテレビと大きなビデオデッキを借りてきて、ビデオを見ながらの執筆だった。その番組の中で、とても印象に残っているシーンがある。「グルーミング（毛繕《けづくろ》い）」と呼ばれる、母親が子どもたちにしてあげる行為だ。それは、どの動物でも、種別にかかわらず、行っていた行為だった。子どもにありったけの愛情を注ぐ。それはすべての動物に共通の行為なのだろう。姉が書いてくれた原稿は、すこぶる良かった。その本も原稿も今、手元にないのが残念でならないが、あのときの姉の原稿をイメージしながら私は子どもたちに向き合っている。

動物といえば、昔聞いて、いたく感動したエピソードがある。馬という生き物はとても臆病なのだそうだ。小さな物音にでも動揺し、影にさえ怯《おび》えることもあるらしい。馬術や競馬が美しいのは、そんな臆病な馬たちと人間とが、信頼関係を築き、まさに人馬一体となってトレーニングを積んだ結晶であるからに違いない。

北海道の牧場でのこと。厩舎《きゅうしゃ》が火災に見舞われ、そこにいた馬たちは驚いて逃げ出した。しかし、その中の一頭が、自分の仔が厩舎内に取り残されていることに気づき、その炎の海の中に飛び込んで行き、命を落とした、という話だった。ただでさえ臆病な馬、怖かったろうと思う。しかし、我が仔を助けるため、恐怖を恐怖とも思わなかったのではないか、と考えると、そこに生き物としての母親と子どものひとつの典型が見えるような気がする。

人間、というものを考えてみる。すべての生命体の基本的な本能を「種の保存」であるとすれば、人間だけが退化しているような気がしてならない。文明の著しい発達によって「生きる力」が削《そ》がれてしまってはいないかと。「いのちをつなぐ」こと、「子どもを育てること」を勘違いしてはいないかと。文明が発達し、知識がついてきたおかげで、種として存続していくために必要不可欠な「子育て」ができなくなってしまっているのではないか、と。かつて、私は人間は戦争や、放射能、環境破壊などで滅びていくのではないかと思っていたが、この頃は人間は自ら滅びていくのではないか、と思うことがある。

その視線の先に

変則的な家族構成。寂しいときや甘えたいとき、つらいときもあるだろう。しかし、妻がよく見ていてくれるおかげで、なんとか乗り切れている。私には、これは男と女の、もって生まれた本能が違うのではないかと思えてならない。あの包容力は、男にはない。子どもが一番安心できる場所。それは母親の胸の中であるに違いない。子どもたちも妻にはよくなついていて、仮に私が彼女に逃げられたとすれば、子どもたちはみんな彼女について行ってしまうのではないかとさえ思うほどだ。情けなくはあるが、ある意味ありがたい。

「財布と胃袋を握っている方が強いのよ」と彼女は笑うが、忙しい中、ほとんど料理を手作りし、弁当をせっせと作ってくれる彼女に、

リレーエッセイ「子どもたちの幸せな未来」

子どもたちも安心していられるのだろうと思う。そんな我が家に、電子レンジはない。

　私の母も、私が外出する際、おにぎりを作って持たせたがる。私としては外食も楽しみで、ありがた迷惑とさえ思えることもあったのだが、このおにぎりの意味が、最近やっとわかったような気がする。自分の作ったものを食べさせるのが、一番安心なのだろう、ということ。「食べさせる」ということは、「エサを与える」ことでは決してない。

　数年前の長野オリンピックの開会式が印象に残っている。見ていて私にはどうも居心地が悪かったのだ。なんでだろう、と思っていたのだが、それは、あのステージに登場したのが、老人と子どもたちばかりだったためだろうと思う。確かに、老人を敬い、子どもたちに未来を託すことに、異論などあろうはずがない。

　しかし、敢《あ》えて言いたかった。俺たちはどうなのか、と。今、汗して働いている、俺たちの世代はどこにいるのか、と。「未来を作るのは子どもたち」であっても、なんでもかんでも子どもたちに託すのは、どこかヘンだ。

リレーエッセイ
「子どもたちの幸せな未来」

まずは、大人が、「今」を、しっかりと生きること。そこからしか未来は生まれてこないのではないかと思う。

山に囲まれた小さな田舎町で育った私には、大学に入るまで、自分の生活を「選ぶ」という概念がなかった。狭い選択肢の中で、仕方なく選ばざるを得ない、といった感覚だった。だからこそ、自分で「選んだ」人生を送りたいと思った。縁や運も含めて、能力的にかなわないこともあるが、少なくてもそうありたいと思った。実家に戻ったのも、味噌屋になったのも、自分で「選んだ」つもりでいる。

学校の部活動などで、よく「思い出作り」という話がでる。しかし、思い出は、結果として残るものであって、わざわざ作るものではないと思うのだ。「未来の過去」のために、「今」を生きているのではない。そしてまた、「未来」というものが必ずやってくるわけではないことを、姉の死で知った。だからこそ、「今」を大切に生きていたい。

彼らの父親は東京で弁護士をしている。忙しくとびまわる父親を見ながら、子どもたちは別な未来を思い描いている。最近、長男が「味噌屋になりたい」と口にした。何でだ？と聞いてみると、彼は「面白そうだから」と答えた。正直、嬉しかった。

しかし、自分もそうであったように、これからまだまだいろんな世界を見て、経験し、成長し、変化していくのだろうと思う。どんどん「面白そう」なものを見つけていって欲しい。その先に味噌屋があるのかどうか、それはどうでもいい。ただ、自分がやりたいことが見つかり、安心できる人とめぐり合えれば、幸せなのではないか。そのためにも「今」を大切に生きていってもらいたいと願っている。

（このエッセイは毎号交代でさまざまな方にお願いしています）

〈お勧めの本〉
『今、赤ちゃんが危ない　母子密着育児の崩壊』田口恒夫著（近代文芸社）
同じ町内（栃木県那須郡馬頭町）在住の先生（お茶の水女子大名誉教授）が「遺言のつもりで」執筆された名著。人間にとって一番大きな仕事は「子育て」であると気づかされます。

日の出・日の入りを見たことない子どもが過半数

川村学園女子大の斎藤哲瑯教授が、今年の6月、関東周辺の小学5年～中学3年の約900人に聞いた調査によると「日の出・日の入りのどちらも1回も見たことがない」と答えた子どもが約52％であったことがわかった。

斎藤教授はこれまでも同様の調査をしており、91年41・0％、95年43・3％、2000年46・1％と少しずつ増えていたが、過半数を超えたのは初めてだった。

また、「見たことがある」と答えた子どもでも、「1回だけ」は約22％、「2～4回」が約15％、「5～7回」が約5％で、「7回以上」は約6％にすぎなかった。

斎藤教授は「今の子どもたちは、外に出かけることが少なくなりつつある。家族で自然の中に入って行くのがいいのだが、親自身も自然体験が乏しくなっている。家族ぐるみで自然を体験する機会を増やす方策を考える必要があるのではないか」と話している。（「毎日新聞」2004年8月15日より）

子ども白書

子どもたちが生きていく現実

妊娠初期の男児死産の比率は女児の10倍

妊娠初期の12～15週の死産の胎児のうち、男児の占める割合が女児の10倍を超え、妊娠全期間でも2倍以上であることが、日本大の正木健雄・名誉教授らによる厚生労働省の人口動態統計の解析によってわかった。

12～15週の男児の死産の割合は1972年ごろから上昇しており、79年には女児：男児の比率は1：3・51だったが、90年に1：6・72に、02年には10・02へと増加している。妊娠初期にこれほどの偏りがあることが判明したのは初めてである。原因はわかっていない。

ただし、妊娠の後期になれば男児の増加率はゆるやかになり、妊娠期間全体の合計では79年の1・46が、02年には2・21にとどまった。

死産の実数は79年の8万2311人から02年の3万6978人へと減り続けているが、出産全体の3％程度で、出生率の男女比の推移にはほとんど影響していない。

（「朝日新聞」2004年7月2日より）

連載

大村祐子さんのシュタイナー教育相談室Q&A

（北海道伊達市にある、シュタイナー思想を実践する、ひびきの村ミカエル・カレッジ代表）

Q 人見知りの子どもはどうすればいいの？

8か月になる娘の人見知りが始まりました。機嫌が良ければ、夫くらいは大丈夫なのですが、他の人はまったく駄目です。転勤してきたために夫婦と娘には友だちらしい友だちもいないために、私の親からは「他の人と接しないからだ、もっといろいろな人と会わせれば大丈夫」と言われましたが、本当にそうなのでしょうか？　子どもの人見知りはどう考えて、どう接していくのがよいのでしょうか？

（神奈川県／AKさん）

A AKさん、あなたのお子さんがどうして人見知りするようになったのか、お考えになったことがありますか？　そうですね、これまでは自分と他者との関係がはっきりしなかったお子さんが、自分以外の他者の存在を感じることができるようになったために、人見知りをするようになったのですね。そしてその上で、自分のもっとも信頼できる近しい人と、そうではない人とを区別できるようになったのです。そう考えると、人見知りを始めたあなたのお子さんは、踏むべき段階をちゃんと踏んで成長しているということが分かりますね。なんと喜ばしいことではありませんか！

子どもが人見知りをすることは、成長する段階で当然起こることなのです。ですから、子ども自身はそのことを少しも困ってはいないのですよ。子どもが人見知りをして「困った」と感じているのは周りの大人だけなのです。可愛がってくれているおじいちゃんやおばあちゃんに、ある時はお父さんに抱かれることまでも嫌がるお子さんの様子を見て、あなたは心を痛めていらっしゃるのですね。。勿論、お父さんもおじいちゃんもおばあちゃん自身も寂しい思いをされていることでしょう。けれど、人見知りは一生続くわけではないのです。わたしたちは子どもが成長する様子を見ては一喜一憂します。寝返りを打ったと言っては歓び、はいはいができるようになったと言っては有頂天になり、ことばらしき音を発したと言っては感動して涙ぐむ…子どもはさまざまなプロセスを経て成長します。けれど、そのすべてがわたしたちに歓びをもたらすとは限りません。そのことをわたしたちはしっかり胸に刻む必要があると思います。

　植物もまたプロセスを経て成長します。冬の間、土の中で眠っていた種が、春になると芽を出し、茎が伸び、葉が茂り、花を咲かせ、やがて実をつけます。そして秋になると実も葉も大地に還《かえ》り、長い冬の間、わたしたちの目には裸木しか映りません。一年草でしたら、それすらも見えないのです。その時わたしたちは大地に眠っている種を想い、ひたすら種の持つ生命の力を信じて春の訪れを待つ以外に方法はありませんでしょう？　寂しい気持ちはあっても、その状態をどうにかしようとは考えませんね。

　植物がさまざまな成長の段階を踏むことを、わたしたちは希望を持って見守り、辛抱強く待つことができるのに、なぜ、子どもの成長に対して同じ態度をとることを厳しく感じるのでしょうか？「植物は必ず成長するということを、経験上知っているから。成長しては花を咲かせ、枯れてまた芽吹くことを、毎年繰り返し見ているから」…そうですね。「自分の子どもの一生は、植物のように繰り返すわけではなく一度きりだから。そして、その成長を助けるのはわたしの責任だから」…焦るのも、心配するのも、嘆くもの無理ないことだとわたしも重々承知しています。

　わたし自身もかつては子どもの様子を見て一喜一憂していた母親でしたか

イラスト／今井久恵

ら。自分の期待していたように成長するとそれを歓び、そうではないと落胆し、時には怒りさえも感じていました。今振り返ると、なんと思慮の足りないことだったろうと思います。子どもはわたしたちを歓ばせるために成長するのではありません。一人の人間として…自由に感じ、考え、感じ考えたことを、自分の手足を使って自由に行為することできる、真に自由で自立した人間として生きることができるようになるために、そして生まれる前に自ら決めた使命を果たすことができるように…そのために成長するのです。決してわたしたちの歓びのために成長しているのではありません。子どもが成長するそのプロセスは、時にわたしたちは苦痛や悲しみをもたらすこともあるのです。

　生後8か月のお子さんが「人見知り」することについて考える時、そんなことまで…とお思いになるかもしれませんが、あなたが「どう考えたらよいのか」とご質問なさっているので、わたしの考えを書きました。そして「どう接するのがよいのか」というご質問には…これまでと同じように、あなた自身が、あなたと共に生きている方々を信頼し、愛し、その方々と温《あたた》かい交わりを持ち続けることです…という答えしかありません。そうすれば、あなたに抱かれながら、お子さん自身もその交わりを共に体験し、そして、お子さんは、あなた以外の周りの人も、あなたと同じように信頼できる人なのだ、わたしを愛してくれている人なのだと感じるようになることでしょう。

　だからと言って、ことさら家族以外のたくさんの人に会わせる必要はないと思いますよ。機会があったら恐れず、避けることなく、また無理強いすることなく、人に会わせることも良いことでしょう。その時は、お子さんが不安を感じないようにしっかり抱いてあげてくださいね。

●プロフィール
大村祐子（おおむら ゆうこ）
　1945年生まれ。87年、米国カリフォルニア州サクラメントにあるルドルフ・シュタイナー・カレッジの教員養成、ゲーテの科学・芸術コースで学び、90〜92年、サクラメントのシュタイナー学校で教える。また、91年より同カレッジで、日本人のための「自然と芸術」コースを開始。
　96年より、北海道伊達市でシュタイナー思想を実践する「ひびきの村」をスタート。現在「ひびきの村ミカエル・カレッジ」代表。「自然と芸術と人智学のプログラム」「教員養成プログラム」「アクティブ・ユース・プログラム」各教師。
　主著に半生を綴った『わたしの話を聞いてくれますか』『シュタイナーに学ぶ通信講座』1・2・3期、『ひびきの村 シュタイナー教育の模擬授業』『創作おはなし絵本シリーズ』、シュタイナーの七年周期の本『昨日に聞けば明日が見える』など（いずれもほんの木刊）がある。北海道STVラジオ、レギュラー出演中。この番組は「ほんの木」のホームページ（http://www.honnoki.co.jp/インターネットラジオ）で聴くことができます。

Q 外向的な子どもにしたいのですが

5歳になる男の子が人見知りで、外で知り合いに会うといつもわたしの陰に隠れてしまいます。公園に友だちがいても声を掛けられるのを待っていますし、遊びをする時にも、友だちに言われたから仕方なくついて行くという様子です。

こんな調子では小学校に入ったら困るのではないかと心配しています。少しずつでも外交的になれるようにアドヴァイスをいただけませんか。

（群馬県／KKさん）

A

編集部の方は、最初のAKさんのご質問と一緒に答えるように設定してくださったのですが、同じように見えてはいても、ご質問の本質は異なることだと思われますので、別にお答えしたほうが良いと考えました。

KKさん、あなたはお子さんを「人見知り」をしていると考えていらっしゃるようですが、前述しましたように、「人見知り」は成長の段階で生後8か月から1年くらいの間に見られる現象です。あなたのお子さんはもう5歳ですね。いわゆる「人見知り」をする段階はとうに過ぎているのです。ですから、あなたのお子さんが人に会うとあなたの陰に隠れてしまったり、自分から積極的に友だちと遊ぼうとしないのは、お子さんの気質によるものだと、わたしは考えるのですが、あなたはどうお考えですか？　あなたのお子さんと同じ年齢の子どもの中には、人と積極的に関わることができる子どもがいますでしょう？　それはどうしてだとお考えですか？　そうです。その子どもが持っている気質がそうさせるのですね。

わたしは幼い頃からとても外交的でした。が、反対に妹はとてもおとなしい子どもでした。いつもわたしの陰に隠れてべそべそしていました。けれど、成長するに従って彼女はとてもはっきりと自分の考えを述べ、容易に妥協せず、信念を貫くようになりました。彼女は結婚せずに今も仕事を続けています。そんな彼女をわたしは心から尊敬し、誇りに思い、愛しているのですよ。そんな今の妹の姿を、彼女が6歳の時、だれが想像したでしょう？　朝になると「気持ちが悪いの〜」と言っては母

のエプロンの下に顔を隠して、始終学校を休んでいたのですから…。

ですから、今、あなたのお子さんが友だちと積極的に関わらないからといって、生涯それを続けるとは限らないとわたしには思えるのです。もしかすると、今のような生き方を生涯続けるかもしれません。けれど、それをあなたが嘆く必要があるでしょうか？　彼の生き方は彼自身が決めるのです。

積極的に生きることが幸せに繋《つな》がると、あなたは考えていらっしゃるのですか？　わたしは積極的な生き方をしたために、たくさんの苦しみと悲しみを味わいました。そして、それ以上にわたしの積極性に傷つけられ、それを嘆き、恨《うら》む人もいました。また、反対に、自己主張をしない生き方をすることで人に安らぎを、慰めを、平穏を与えることができる人がいます。あなたのお子さんは、生まれてくる前にそんな人生を歩もうと決めたのかもしれませんね。

友だちに声を掛けられるのを待っている、友だちに言われたから仕方なくついて行く…そんなお子さんが小学生になったからといって、何か困ることがあるのでしょうか？　おとなしい子、穏やかな子、自己主張しない子はいつの世にもいます。そういう子どもがいることで、子どもたちの間に調和が生まれ、うまくいくのです。自己主張する子どもばかりでは子どもの世界にも調和が生まれません。おとなもおなじですね。自分の思うとおりに事を運びたいと考える人、それを支える人、時にはそれを諫《いさ》める人、遠くで見ている人、邪魔する人…さまざまな人がいます。あなたのお子さんは、内向的な性格（憂鬱質《ゆううつしつ》でしょうか？　それとも粘《ねん》液質《えきしつ》でしょうか？）ゆえの役割を持っており、その役割を果たすことができるのです。

親として、いろいろ心に掛かることがおありでしょう。その心情は十分に理解できます。かつてわたしもそうでしたから…。けれど、親としてまずしなければならないことは、自分の在り方や生き方、考えを押し付けるのではなく、子どもの気質を見極めること、そして、その気質を認めること、その気質の良さを喜び感謝すること…今のわたしなら、きっとそう努力するでしょう。

子どもは自分のありのままの姿を認めてもらうことができたら、安心し、人を、世界を信頼して生きてゆくことができます。そして、自分の持って生まれた気質がもたらす困難にぶつかった時、それを克服しようと努めるでしょう。けれど、ありのままの姿を認めてもらうことができず、責められ、変えるように迫られたら…自信を失い、生きる喜びを感じることもできず、人生はますます彼、彼女にとって難かしいものとなるに違いありません。なぜなら、真に「生きる」ことは自分自身であり続けるということでもあるのですから…。

どうぞ、心配なさらないで！　お子さんを信頼し、お子さんのありのままを受け入れてください。小学生になって困難なことがあったら、その時に考えたらいいかがですか？

Q　親を恨《うら》む気持ちが今でも克服できません

私のことを可愛がってくれなかった親を恨む気持ちが、今でも克服できません。最近、またその気持ちが盛り上がってきて、どうしても反抗的な態度をとってしまいます。私の子どもたちにも良い影響はないと思うのです。克服するにはどうしたらよいでしょうか？

（匿名希望）

A

可愛がってくれなかった…と言われるあなたのご両親は、これまであなたにどのように接してくださったのでしょうか？　あなたは生まれてこのかた、何一つご両親からしていただいたことはなかったのですか？　あなたが成人して自立するまで、あなたのご両親はあなたの養育を、他の方に委せていたのですか？　そして、その費用をご自身で捻出《ねんしゅつ》することもされなかったのですか？

きっとそうではなかったと、わたしには思われるのですが、いかがですか？　あなたはご両親にたくさんのことをしていただいたでしょう？　そして、成長したのでしょう？　…必要なことはしてくれたわ。でも、それは親として当然のことでしょう。親としての義務を果たすことと子どもを可愛いがることは違うわ。わたしは両親に可愛がってもらいたかったの…と、あなたはおっしゃるでしょうか？

わたしはあなたと同じような質問を、よく受けるのですよ。人は自らが親になってからも、自らが親にしてもらえなかったことを思って苦しむものなのですねえ。

わたし自身のことを少し書かせてください。わたしは父親を好きだと思ったことは一度もありませんでした。最近まで、彼を心から敬う気持ちを持ったこともありませんでした。いえ、正直に言えば、もの心ついた頃からわたしは父を嫌っていました。けれど今…わたしは父をどれほど知り、どれほど理解しているだろう…と考えています。

わたしが生まれる前の父の人生を、わたしは知りません。父が幼い時、誰とどこで暮らし、何を感じ、何を思い、何を考え、何をしたのか、しなかったのか…彼が少年の頃は？　青年になってからは？　…断片的に話を聞いたことはあっても、わたしは彼のことを十分に知っていないのです。

　わたしが生まれてからの父のことも、わたしが知っていることはほんのわずかです。父はわたしが生まれて直ぐに召集されて戦場に送られました。そして、大戦が終ってから2年もの間、捕虜になることを恐れて中国大陸に身を隠していたそうです。その時の思いを、父は決して口にすることがありませんでした。ですからわたしは彼自身から聞いたことがありません。

　父はすぐに激昂《げきこう》する人でしたので、自分の気持ちを静かに、そして穏やかに表すことがほとんどありませんでした。ですから、憤《いきどお》ることの他、彼が何を好み、何を歓《よろこ》び、何を楽しみ、何を慈《いつく》しんでいたのか、わたしには分かりません。わたしにとってはただただ恐い人、近寄りがたい人だったのです。

けれど、わたしが知らなかっただけであって、彼の人生にはさまざまなことがあったはずです。そして彼は苦悩し、落胆し、恨み、憎しみ、誇《そし》り…また反対に、喜び、感謝し、敬《うやま》い、愛し、慕《した》い、哀れむこともあったでしょう。人生の半ばで大きな戦争を体験した彼は、それまで彼の内で築き上げてきた価値観を捨て去り、新しい価値観を獲得するためにどれほど困惑し、逡巡《しゅんじゅん》し、苦悩したことでしょうか！　それは筆《ひっ》舌《ぜつ》に尽くしがたいことだったに違いありません。そのことには一切触れず、一言も話さず、わたしが2度にわたる長いアメリカ生活を送っていた間も、かつて敵国であったアメリカを頑《かたく》なに

訪れようとしなかったのです。

あなたと同じように、わたしも父に可愛がってもらった覚えはありません。いつもわたしは恐いだけの父を遠ざけ、向き合わず、恨んでいたこともありました。けれど、長い葛藤の末…「わたしを可愛がってくれなかった」というだけのことで、父の人生を否定することはできない…ようやくそう考えることができるようになったのです。彼の人生にはわたしが窺《うかが》い知ることのできない深い意味があり、また彼だけが持つ使命があったに違いないと思えるからです。そして今わたしが強く思うことは…わたしがわたし自身の使命を果たすことができたら、そのことによって彼の人生をもっともっと意味深いものになるに違いない、そう…ということです。なぜなら、彼はわたしをこの世に在らしめた大いなる力の一端であるのですから。彼の子であるわたしの人生が意味あるものになればなるほど、彼の人生もまた、ますます意味深くなると思われるのです。

わたしは父にやさしいことばを掛けられた覚えがありません。けれど、たった一度だけ…16歳の秋に肺結核を患っていると診断され、生れてはじめてわたしが深い絶望の淵《ふち》に一人佇《たたず》んでいたとき、「心配するな、お父さんが治してやる」と言ってくれました。実際には、それから以降の長い療養生活の間、ほんの数回しか見舞いに来ることはなかった父でしたが、わたしはその一言にどれだけ励まされ、力付けられたことか…。

可愛がってくれはしませんでしたが(それもわたしがそう感じているだけなのかもしれません)、彼は父親として、わたしに多くのことをしてくれました。そして、わたしの人生の危機に、実に貴いことばを投げ掛けてくれました。わたしはそれで十分だと思っています。そして、心の底から感謝しています。

あなたにもそんな思い出がありませんか？　ぜひ、ぜひ思い出してください。ご両親にしていただいたたくさんのことを、掛けられたことばを、注がれた愛を…。

主よ、
変えられないものを
受け入れる心の静けさと
変えられるものを
変える勇気と
その両者を
見分ける英知を与えたまえ

ということばをご存じですか？　わたしたちは過去を変えることはできません。それなら、それを受け入れる心の静けさを得たいものです。…変えられるもの…それはわたし自身の思いです。自分の思いや自分の考えに固執することなく、変える勇気を持ちましょう。

自分の力だけではできないと感じるとき、わたしたちは自分以外の力ある存在に助けを乞《こ》うこともできるのですよ。

Q お小遣いは何歳くらいから？

　子どもと一緒に買い物に行くとお金を払いたがったりするので、お札を渡して払う真似ごとをさせています。だんだんと自分で買い物をしたり、お小遣いをあげることになると思うのですが、お小遣いは何歳くらいからあげるのがいいのでしょうか？　また、お金については教えるときの注意すべきことはありますか？（奈良県・Sさん）

A

　わたしは孫を連れて買い物に行くことを、いつでも躊躇《ちゅうちょ》しています。そして、できる限り、一緒に行かないで済むようにしています。なぜなら、スーパーマーケットに並んでいるたくさんの商品が、どれほど多くの人の、どれほど多くの労苦の賜物《たまもの》であるかということを、幼い彼らはまだ理解することができないからです。そして、レジでお金を払えばそれらを簡単に手に入れることができる、と彼らが考えるようになっては困る、とわたしは考えているからです。しかも、彼らはわたしが支払うお金が、どのようにしてわたしの手に渡ってきたのか、ということをも理解することができないのですから…。お金は労働の対価であり、そのお金を使えば世の中にあるほとんどすべてのものが手に入る…と彼らが考えるようになっては困るのです。

　ですから、お小遣いを渡すのは、彼らが家族のために少しでも働くことができるようになってから、とわたしは考えています。けれど、そのとき与えられるお小遣い（お金）は、決して彼らの労働の対価ではないということを理解させることもまた必要だと考えています。なぜなら、労働は本来、他者に対するプレゼントなのですから…。彼らが家族のためにする労働は、一緒に暮らしている家族への感謝と友愛の証《あかし》であり、お小遣いも両親から彼らへのプレゼントなのです。

　また、お金（通貨）については…人は見知らぬ人に、また遠くにいる人にプレゼントを差し出すことが困難な状況に在ったとき、お金を考えだし、それを使うようになった…ということを伝えようと思っています。この考え方はルドルフ・シュタイナーの「経済の友愛」の基本的な考え方に通じるものですが、Sさん、興味がおありでしたら、ミヒャエル・エンデの『エンデの遺言』『エンデの警鐘』（共にＮＨＫ出版）を、ぜひお読みください。お金のこと、流通のことなど、経済について素晴らしい洞察と示唆《しさ》が書かれています。

　わたし自身は、孫たちが小学2年生になる頃、やさしいことばで、やさしい表現で、お金（通貨）のこと、労働のことを物語ることができたらいいなあ、と考えています。

【新連載】 始めませんか？ 台所からの子育て……①

あべ りえ
1962年長崎市生まれ。福岡で育つ。大学卒業後、栄養士として乳幼児検診の栄養相談などを経て結婚。長女出産後、育児サークル「ほしのこくらぶ」を発足し、はせくらみゆきさんらと活動。現在はスローフード、健康料理教室、子どもやオッパイママの食育、体と地球に優しい食などをテーマに活動中。料理に限らず、つくること、おいしい伝統食が大好き。見て知ってなんでも楽しむをモットーにしている。夫と8歳、11歳姉妹の4人家族。子どもの食と健康を考える会会員。

「栗拾い」が教えてくれる あんなこと、こんなこと

安部利恵さん（栄養士）

「クリ、クリ、クリ、クリごは〜ん！」

爽《さわ》やかな朝晩の冷え込みで、木の葉が色づき始めると、店先でお初の栗を発見。そろそろ山里の栗も、今週はどうかしら、と気になってくるホッコリ甘い栗の季節。いがの中から取り出して、茶色の硬い鬼皮《おにがわ》、渋皮《しぶかわ》にしっかり守られている栗をずっとむいていると、手に豆ができそうになるけれど、秋の炊《た》き込み御飯には欠かせない栗。

そんな栗ご飯には、スダチを添えたカマス、秋刀魚《さんま》の塩焼きやきのこの吸い物がピッタリ。なんてステキな秋の食卓でしょう。

少し手間がかかって面倒でも、やっぱり「お初」の栗をみんなで楽しく食べたい。うちの子が小さい時の手軽なオ

ヤツの定番は、蒸《ふ》かしたサツマ芋《いも》。そして今の季節は栗。だけど最近、砂糖の甘味が勝っている甘栗や、栗の甘露《かんろ》煮《に》が一年中出まわっているから、甘いお菓子に慣れてしまって、栗や芋のほんのりした甘味や食感を嫌う子が増えているとか……。喉《のど》に詰まる感じや、匂いが嫌と言う子もいるものね。でも、あのホッコリした本来の栗の味を、どのくらいの子がイメージできるのかな。嫌いにならない様に小さい時からしょっ中食べさせて、ほんのり甘い味に馴《な》らし、しっかり子どもの心にも焼き付けなくちゃ。と思えば、栗むきの力が湧いて来ませんか?

栗や芋のデンプン質は食べた後、ゆるやかに血糖値が上がるところがおすすめの理由。砂糖みたいに急激に血糖値が上がらない食べもの。子どものオヤツにはピカイチの食材なのになー。「喉《のど》に詰まる感じが嫌」っていうのは、もう少し良く噛《か》んで唾液とこなれることで、解消されるんじゃないかしら!?

栗の皮は、熱湯に三十分くらい浸けてからむくと、硬い鬼皮が柔らかくなってむきやすくなります。はじめに、外周の長い部分をお尻からぐるりと向いて、両脇を何回かに分けて縦にむいてゆきます。そして適当な大きさに切って水に晒《さら》し、塩を入れて御飯に炊き込めば、初物の栗御飯が完成。ワクワクしながら蓋《ふた》を開ければホワンとした良い香り。

「お初だよ!」って言って、そんなワクワクする嬉しい楽しい気持ちを伝えたくても、子どもが小さくて何だかわからない頃は、「クリ、クリ、クリごは～ん、お山のリスさんも食べてるかな～」なんて歌を、子どもと歌って踊ってたっけ……。栗御飯のために歌って踊る!? ちょっと気恥ずかしいなぁとも思ったけれど、そんな踊りに付き合って、喜んで踊ってくれるのも小さい時だけだし、その時の楽しい時間も、共通の良い想い出として心に残るでしょう!?

お母さんは食卓の演出家。移りかわる季節を追いかけた楽しい印象をいっぱい作りましょ。しかも食卓は、家族みんなで楽しんで絆《きずな》を紡《つむ》ぐ大切な場所だもの。それぞれの我が家風にしっかり活用しなくちゃね。

栗拾いに出かけたら……

私が小学生の時、近所の雑木林で甘くて美味しい栗の木を見つけ、友人と石や棒で散々つついて、やっと小さな篠《しの》栗の実を落とし、大喜びの得意満面で持ち帰った。そして自分達で茹《ゆ》でて、一粒ずつ友達と分けあって食べた栗の実の美味しかったこと。

あの時ままごとではなく、自分で探して採って来て自分で調理して食べた、という経験は本当に印象深くて大切な想い出。

『どこから来てどう食べたかを見届けること』
『自分で食べ物をしつらえて食べることが出来るようになること』は食に対しての考え方にも広がりが出来て、自然と生活の自信にも繋《つな》がり、生きる力になるのです。

大人にとっては些細《ささい》な事でも、子どもには様々な体験を通していろんな場面で、大きなときめきと発見と満足感に浸っているのかもしれません。

だから、子どもには市販の栗だけではなくて、いがの感触、そのいがの中に収まっている鬼皮に覆《おお》われた栗の様子、虫が食べてしまってる栗や栗林の空気、いろんな事を感じてほしい。そんな想いもあって、秋になると、頃合を見計らって、栗拾いに出かけます。

最初に栗拾いに行った時、栗のいがを叩いて落としては拾うのが栗拾い、と思っていた私。子どもが小さいから、上ばかり見ているわけにもいかないし、広い栗林でアップダウンがあっては、子どもの面倒見るばっかりで没頭できないかもなぁー、いが栗が落ちてきても危ないし……、と少し構えて出かけました。

栗園の係の人に「はい、このバケツに拾って入れてね」と火箸《ひばし》とともに手渡され、「あ、ただ拾うだけなんだ……」とわかって、少し拍子抜けでした（ちなみに土日では、初日の方が当然たくさん拾える）。

入園料三百円を払って早速栗林へ……。

「うわー青いウニみたい、いががちかちかするよ、おとうさーん、中を見せて」と子どもがせがみます。

夫がすかさず〝いが〟を靴で押さえて火箸で割ると、青いクリの実が仲良く三つ並んでいて、一つだけぺしゃんこ。

「ほら、まだいがが割れてないのはこうなってるんだね。外はうすみどり、中は茶色のはずだけど。淡くて熟《う》れてないねェー。実がころころに太ってて、こげ茶に光ってるのを探そうか」と夫。

「あ、お母さんは美味しそうなの見つけたぞー！」なんて言いながら、案外子どもの方が目線が低いので、上手。そんな子どもと競って拾う楽しさを満喫します。

「酸《す》っぱい匂いのは駄目だよー、虫食い穴の空いてないのを探してね」と私。

子どもが拾い集めた栗は、傷んでないかを見ては、楽しみに持つ分を少し残して大人のバケツに入れます。そうこうしても、家で食べる位の量を拾うとなれば、せいぜい一時間もあれば一杯になる。栗園から下りて来て、受付で拾った栗を量って精算。

「栗拾いってこんなに楽しいんだから、学校や幼稚園のクラスのみんなにも、いが栗を見せてあげようか？」と子どもたちと話して、栗園の人に頼んで、いが栗を毎回頂いては、翌日、登校通園の時に紙袋に入れて持たせます。

というのも私が小学生の頃、教室に置いてあったいが栗を見た時、「わぁー写真では見た事あったけど、これが本物なんだ！」と、産毛《うぶげ》が生えて艶《つや》のある栗と、外側に向かって棘《とげ》を突き出して栗を守っているいがの対照的な様子が忘れられなかったから。

その日、帰って来た子どもの連絡帳には、「秋を探そうのテーマでの話が弾みました」と書かれてありました。子どもに聞くと、「先生が栗拾いに行った事ある人ーって聞いたら、手を挙げた人が半分もおらんかった。いが栗を見せたら、みんな珍しがっとったよ。栗持って行って良かった」。

栗拾いに行く理由

栗拾いが終わると、受付横にある栗農家の家族総出の茶店で、夫は毎年恒例の鮎《あゆ》の塩焼きにビールでご機嫌。

子ども達は、活きの良い鮎が活きたまま串刺しにされ、炭火に炙《あぶ》られ塩焼きになる様子をじっと見て離れなかったので、ここぞとばかりに、「食べる事は命を頂いているんだね」という話をしながら、一緒にしばらく見ました。

でも、家に帰って、しばらく経ってから聞いてみると、「美味しかったー」の一言のみ。食べた事しか覚えてない!! 親の思いは全く空振り三振。そうそううまくいくわけないか。

私も子ども達も、団子汁《だんごじる》を食べたり焼きトウモロコシを食べて、草花を探しては名前を調べたり名前を当てっこしながら、のんびり過ごし、ゆっくりゴロゴロ。もしかしたら、毎年栗拾いに行く理由はここにあるのかもしれません。

あたりを散策し、カラス瓜《うり》を探しっこしたり、ムカゴを見つけたら、子ども達を呼んで、「このムカゴをかじってごらん、あなたたちの大好きな山芋と同じ味よ」と私が言うと、目を丸くして、「えーっこれ生でも食べられるの！」と言いながらおそるおそる食べていました。

「本当！ すごい！ 山芋と同じ味がする！ やまいもの赤ちゃん！」と言って驚いていたのは去年まで……。今では「そうだよ！ 知ってるもん！」と言う返事。でもこれが地面に落ちて山芋の種芋になるんだよ。大きく熟れるほど、ポロポロ落ちるからそっと採ってね、なんて話をすれば、またムカゴ食べたさに一生懸命集めて持って来てくれます。

集めたら、家でご飯に炊き込んでムカゴご飯に。ムカゴの素揚げに塩を振ったらビールのあてにピッタリ。

夫は毎年栗園に来るたびに、「小さい頃、山にある柿(たいてい渋柿)が熟すのを待って食べたり、栗を拾って遊んだ記憶が懐かしい」と言いながら、三枚の丸い葉っぱが目印のアケビの実を、ツルを辿《たど》って探し歩いています。

やっぱり想い出も持ってきてくれる秋の実りっていいな。

子どもに包丁を持たせて栗を切る

　栗林の中で、お弁当を食べたり散策したり、爽《さわ》やかな季節にはもってこいの栗拾い。ついつい拾いすぎて、たくさん持って帰る事になったら、しばらくは栗尽くし。新鮮な物は甘味もあって美味しいので、茹《ゆ》でていただくのがやっぱり定番の食べ方。拾ったその夜は茹でて食べ、夜は生栗をせっせとむいて次の日に栗御飯や旨煮に活用します。

　私が茹で栗をむいていると、子どもたちが周りにジワジワよって来て、順番でむいた端から次々食べる。私も食べたいのに際限がない。そこで、だんだん包丁に慣れてきた子どもに、栗を安全に切る方法を教えました。

　子どもに本物の包丁を持たせるのは、怪我しやしないかとドキド

栗のむき方

※しばらく熱湯に浸けるか、一晩水に浸けると、鬼皮がやわらかくなって、むきやすい。

1. 硬い方から、回りをくるりとむく。

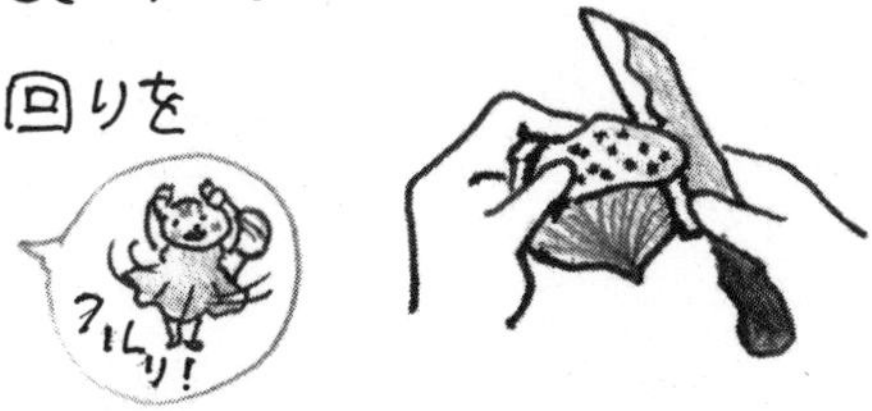

2. 鬼皮をとって、側面をむく。渋皮は上にむかって同じ方向にむくとしあがりがキレイョ！

3. ●栗ごはんの時は3つぐらいに切るとよい。
●ゆで栗は時間が経つと硬くなってむきにくい。そのまま半分に切ってスプーンですくって、食べよう！

キもの。でもそこをぐっと見守る辛さを養うのも親の役目。ドキドキするけれど落ちついてギリギリまで口と手は出さないと心に決めます。子どもはいろんな経験の中から育つもの。〝刃物で手を切ると血が出て痛いんだ〟という経験はできれば避けたいけれど、貴重な子どもの糧《かて》になる。と言いながら、私の真似をして栗をむこうとして指を切った時は、私も油汗が出て思わず、「うわー!」と叫び出しそうになったけれど、ぐっと飲みこんで「あら切った? 大丈夫。お母さんもたくさん怪我してうまくなったよ」と笑顔でさりげなく手当をすれば、子どもも落ち付いて来ます。

まず、果物ナイフと小さいまな板を置きます。

「包丁の根元の尖《とが》った所を栗の丸い背に突き刺し、そのまま置いて、包丁の背を手の腹でぐっと押してね、絶対刃の下に手を置かないと約束してね」と言いながら、私の方がドキドキしています。

でもここは子どもの成長のため、ぐっと我慢して、馴《な》れるまで何回か手をとって練習し、後はさりげなく見守りました。姉の方はだんだん自信がついて、栗を半分に切れる様になりました。妹は、この時ばかりは、お姉ちゃんに頼りっきり。黙々とスプーンですくって食べていました。

自分で食べたい時に食べることが出来るようになると、それだけで、子どもたちも自信がついて嬉しそう。

茹でたての栗はよく食べるけれど、飽きてきたら、半分に切って、どんどんスプーンでくりぬいて、すりこ木でついて潰《つぶ》し、好みの甘味で味をつけます(メープルシュガー、水飴《みずあめ》やハチミツを入れ、少量のラム酒で香り付けしてもいい)。まとまりにくい時は、水を足してまとまりやすくします。ラップにのせて、、一口大に絞《しぼ》って真中をちょっと押さえ、茶巾《ちゃきん》絞りの出来上がり。余ったら冷凍保存も出来る。子ども達も大好きな作業なので大喜び。「もしかして粘土と間違ってなあい?」と思いつつ、つまみ食いも大目に見ます。

栗は種なんだね

雑木林でドングリが何だか地面より少し浮き上がっているのを見たことがあります。良く見ると、実の芽吹きだとわかってびっくり! だって、芽の出たドングリなんて想像した事もなかったから。

その時から何とはなしに、「栗の芽吹く様子ってどうなってるんだろうな」と思い始めて、使い残した栗の実を冷蔵庫の野菜室に入れ、すっかり忘れていたら、知らない間にニョッキリ豆もやしのような芽が出ていました。

一瞬、「エ!?」と思ったけれど、そうよそうよ当たり前、栗って種なのよね。ドングリに続き、発芽している栗の実を発見! 健気《けなげ》にも、冷蔵庫の中で必死に芽を出し生きている栗。私は思わず「見て見てー。来てごらん、ほら、栗の実から芽が出てるよー」と子どもたちを呼びました。

「栗って種なんだねー。こんなところで、頑張って生きてたんだねー」と子ども達。今年は栗の実を植えて、子ども達と観察しながら栗の実を食べようかしら。

「桃栗三年柿八年」、もし三年経って栗が実ったら、たくさんの子ども達が、遊びながらその栗の木の下で栗拾い体験ができたら……。ステキだな。

（つづく）

子どもと一緒につくる栗のおやつ
～栗の茶巾絞り～
やめられないとまらない♪
栗
1. ゆで栗を半分に切って
スプーンでどんどんくり抜く。
2. 甘味(ハチミツ or メープルシロップ)を入れて、つぶす。
まとまらない時は水を少々加える。
甘味
ラム酒
大人用にはラム酒を入れてもOK!
3. ラップにのせて、ひねって少しへこませる。
ドーンッ!

イラスト／はせくらみゆき

子育てと免疫学の接点　その４

赤ちゃんは「這《は》う」ことで免疫力を獲得する。

文／姫川裕里さん
監修／安保　徹先生（新潟大学大学院医学部教授）

ひめかわ ゆり
１９５７年広島県生まれ。２男３女を育てながら、ハンディを持つ子どもとの関わりで自力で回復に達する発育を知り、様々な教育活動を展開している。現在は、親子が一体になるコミュニケーションによって子どもを変え大人を変えて社会を変えて行くための活動を続ける。ＮＰＯ法人「子育て支援ひろば　キッズ・スタディオン」理事長。著書に、『子育ての免疫学』（河出書房新社）がある。

これまで、赤ちゃんの背骨を真っ直ぐに保って対面抱っこする方法や姿勢について述べ、その方法は自律神経のバランスがとれ免疫力獲得につながることを説明してきました。

それらの説明で一貫して言えることは、赤ちゃんが起きている時は首と腰の二点を支える対面抱っこにより交感神経を刺激する背筋を鍛えておくと、眠るときには今度は自動的に身体を休ませようとする副交感神経が働き、自律神経のバランスがとれ免疫力がついてゆくということでした。

今回は、これらの働きかけを土台として育てると赤ちゃんは、自然に這《は》う動作を身につけるようになることを述べてみたいと思います。

這うことは免疫力獲得の要であり、術でもある

最近、這《は》う赤ちゃんがずいぶん減ってきていることに私は胸を痛めています。

這うことが少なくなっている原因は、赤ちゃんの背筋を真っ直ぐに育てることの大切さを実感している大人が少なく、それが病気とかかわりがあることの認知が社会的に低いからだと思います。ですから、赤ちゃんが独り座りできない頃から、椅子やシートに固定させて育てたり、床に腹這いさせることを不潔に感じて腹這いを避《さ》けたり、車やベビーカーでの移動の多い日常を過ごすために、赤ちゃんの這う人口が激減しているのです。

私は、首の据わっていない脳性まひの赤ちゃんや、ダウン症や癲癇《てんかん》などの重度の障害をもった赤ちゃんであっても、その赤ちゃんにとって適切な這うことができる環境をつくり、その身体づくりを熱意と根気をもって接すれば、どの子も這うことは可能であることを体験して来ました。それだけに「生まれてきたどの赤ちゃんにも、這うことができるように促がしてあげましょう」と声を大にして伝えたいのです。

這う運動は腰やお腹まわりを鍛える動きになっていると同時に、人間が本来もっている免疫力をお腹まわりに獲得する大事なプロセスともなっているからです。

赤ちゃんは、お母さんのおっぱいの持つ免疫力に頼っている半年間くらいの時期に、自分で免疫力を獲得していく準備をしているのだ、という説明を前々号でしました。喉《のど》をゴクンゴクンとならしておっぱいを飲みながら、喉の白血球造血巣《ぞうけつそう》を鍛え、喉の免疫力をつける動きになっているということです。

今回は、離乳の時期に備えてお腹の免疫力をつけるために、這うことが必要不可欠な運動だということを説明したいと思います。おっぱい以外の異物を体内に取り入れても大丈夫な免疫力を、この時期につける必要があるのです。這うことは免疫力獲得の要であり、術《すべ》でもあるのです。

「這い這い」の四つのステップ

一口に「這う」といっても、いろんなスタイルの這い方があります。尺取《しゃくと》虫《むし》のように上半身と下半身をくねくねしたり、匍匐《ほふく》（はらばうこと）前進するように身体を左右にくねくねしたり、つま先で床を蹴るように動かしたり、膝をついて手足交互に這ったり、お尻を上げて手足だけで這ったり、這うスタイルはそれぞれの個性と見られているようです。

生物が生き残って進化してきているのは、自分自身を守る免疫力を獲得してきた結果だといわれていますが、赤

ちゃんも自然界の生物の一員として、「這う」ことを通して免疫力を獲得する動きを繰り返しているのです。そして、それぞれの這うスタイルは赤ちゃんの成長にとって必要な動きや順序であり、それらが自然に現れてくることが、赤ちゃんの自然な発育であることと私は考えています。

赤ちゃんの成長に従って這う過程は、床にはいつくばっている「腹這い時期」と、床からお腹を離して進む「這い這い時期」という、大きく分けて前期と後期に分けられます。

前期にはまず両手や両足を動かし腹ばいでずって進む「ずり這い」をするようになり、移動することに慣れ無駄な力が省かれ、より進みやすいように腹ばいのまま右の手足と左の手足とを交互に動かしてワニのように左右にくねくねさせて進む「ワニ這い」をするようになります。

腹這いの時期には、足のつま先で床を蹴りながら身体の中心（腰）を整えてゆき、独り座りするときに上半身を支えていられる腰を準備しているのです。

後期の這い這い時期には、独り座りしている姿勢から、両手をついて前進して這う姿勢に移行するので、自然に「膝つき這い這い」をするようになり、その這い這いの頻度が増すと、もっと早く進みたい衝動から、移動する動きに慣れ効率よい動きになるようにおしりを高く上げ、手と足の4点をついて進む「高這い」をするように変化してゆきます。

尺取虫のように、上半身と下半身をくねくねして這う赤ちゃん

這い這いの前期には、上半身と下半身または右半身と左半身に運動の力の伝達が行われていましたが、後期には手足交互這いとなり、腰が浮いた状態で手足四点が協応して動く複雑な動きを獲得していきます。

対面抱っこをして育てると、自然に這う動きをするようになり、先に書いたような順序で這う姿勢が現われてきます。赤ちゃんの自然な動きを抑制するような不自然な抱き方や、生活環境で知らず知らずに過ごしていると、這うことをとばしたり、いびつな這う姿勢が出てくるようです。

［這い這い前期］腹這い（ずり這い、ワニ這い）

赤ちゃんはまず、うつぶせの姿勢から両手をついて首をもたげて、最初の

匍匐前進するように身体を左右にくねくねして這う赤ちゃん

段階である「ずり這い」をするようになるのですが、このとき足のつま先が床につくのが自然です。対面抱っこをして育てていると、はじめは身体のバランスをとろうと緊張していますが、重力に任せて身体から力を抜くことを覚えた赤ちゃんは、床に置かれたとき下半身を弛緩《しかん》させ、足のつま先が床に触れるようになります。

重力という自然を学んだ赤ちゃんは、床に足が触れると反射的に踏ん張る力を出すようになり、踏ん張りながら自然に背筋を使うようになるのです。赤ちゃんの手足は体の外側に向かって伸び、両手と両足を動かしながら、やがて偶然にずって進み這うことを覚えるようになります。

しかし、横抱きや、よりかかった抱かれ方しか経験していないと、自分の身体から無駄な力を抜くことを覚えていないので、床に置かれたとき、足が床にふれると反射的にすくんで手や足をいつも宙に浮かしているようになります。

普通、床に置かれると手足は床にぴたっと付くはずですが、体の内側に力を入れ続けて抱かれている習慣が身についているため、手足が緊張してすくんで浮いてしまうのです。そんな赤ちゃんの光景を不自然と感じる大人は少ないと思いますが、注意して赤ちゃんを観察してみると、このことが理解できると思います。

両足が床に着かなければ踏ん張る経験のないまま過ごしてしまうので、両手を使って自分の上半身を引き起こそうという動きも少なくなります。また、自分の身体を自由に自分の体の外側に向かって動かせなくなって、赤ちゃんの目も自発的に辺りを見渡すのではなく、見る方向が一方向ばかりに決まってしまうようになります。すると、赤ちゃんの首の向きが固定化してしまい、頭の形もいびつになります。

対面抱っこで真っ直ぐに抱かれていると、首の向きが固定化しないので頭は丸く育ちますし、吸引分娩などで頭が変形した赤ちゃんでも丸い形に戻すことができるのです。

大人が腹這いの運動を実際にやってみると、本当に重労働だということが実感できると思います。試しに赤ちゃんになったつもりで、うつ伏せになってみてください。赤ちゃんの気持ちを味わってみてほしいと思います。

足のつま先を床につけたまま両手をつき、上半身を起こすことをやろうとすると「腰が痛い」と訴える人が多いはずです。これは片手間ではできない全身運動だということがわかります。

うつぶせになって両手だけでずって進んだり、つま先だけで蹴ったりしてずり這いしてみましょう。このような赤ちゃんの動きを真似ることがとても苦痛であったり、長続きしないという大人は、這い這いすることができない赤ちゃんの気持ちを味わっているのと同じことです。身体が歪《ゆが》んでいると身体の移動をコントロールすることができません。

しかし、腰の位置が身体の真ん中で釣り合いの取れる位置にあると、この運動は大変だなと感じつつも、やがて自分の身体を移動させることができるようになります。そして、腹這いでずりずりと進む「ずり這い」を覚えた赤ちゃんに、目の前に目標となるおもちゃなどを置いておくと、確かめたくなって少しでも効率よく進もうとしはじめます。

このように這わせることを促がしていると、赤ちゃんは右手右足、左手左足と交互に身体全体をくねくねさせて進みはじめる「ワニ這い」になります。ワニ這いでは腰を中心に全身運動することになるので、お腹まわりの腹筋がしっかり鍛えられます。

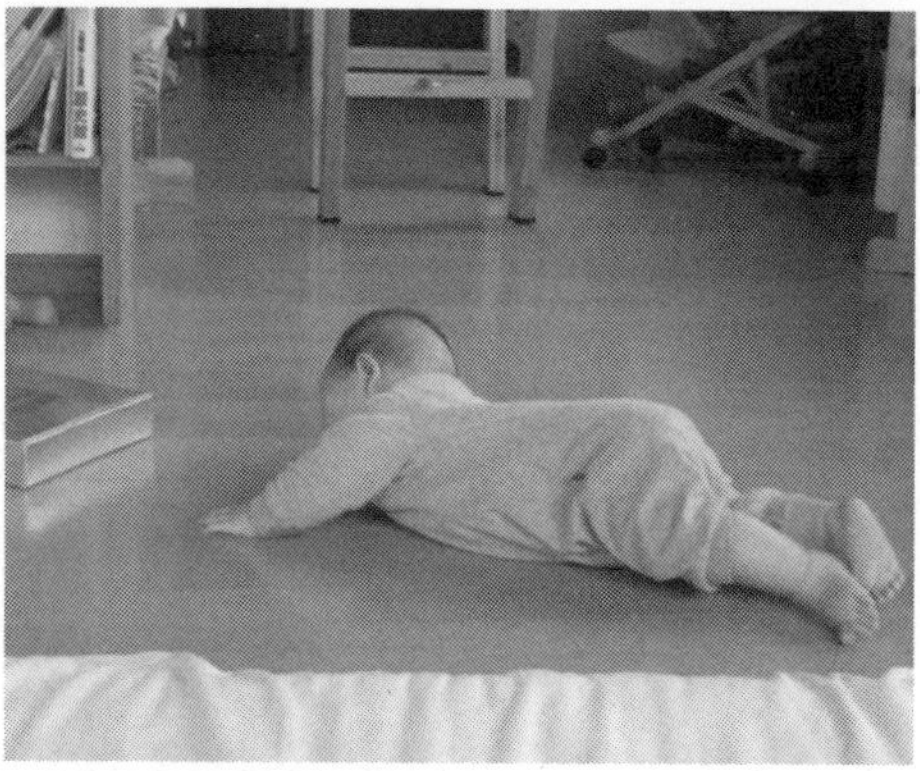
つま先で床を蹴るように動かす這い方。

この時期の赤ちゃんが、何でも口にものを入れたがるのは、口で涎《よだれ》を出しながらお腹では消化液を刺激して出す練習であり、免疫力獲得の準備でもあります。赤ちゃんにとっての全身運動は楽しくてしかたがないもので、この頃の赤ちゃんはケタケタ笑えるようになります。

抱っこされる姿勢に緊張が伴い、重力を感じて力を抜くことを学んでない赤ちゃんは、日頃お腹に力が入りっぱなしなので、ケタケタ声を上げて笑うことができません。ケタケタ笑える赤ちゃんは腹筋をしっかり使って快活に這い回り、お腹の免疫力獲得の準備をしてゆく赤ちゃんとなります。

[這い這い後期]
手足交互這い（膝つき這い這い、高這い）

腹這いの時期の動きは、独り座りの準備であったことを述べましたが、独り座りは第三段階である「膝つき這い這い」の準備にもなります。

腹這い（ずり這い、ワニ這い）で進みながら、腰を中継して上半身と下半身が連動して動く練習をしていました。そのうちお腹を床から離してもち上げるような力がつくと、独り座りも可能になります。腿《もも》の裏をべったり付けるように赤ちゃんは独り座りするのですが、背筋力が弱いうちはお腹の部分に上半身の重みで負荷がかかりますから、赤ちゃんは腹筋にかかる負担を軽くしようとして、反射的に両手を前につきます。

背筋力を使いながら腹筋の力がつくこと、両手の力が上半身を助けること、これらの身体の器官の協働した動きを、身体の中心を中継して下半身が支えているのです。

独り座りをするということは、これら一連の動作をしていることです。背筋力を使うと脊椎《せきつい》の交感神経が働き、腹筋力がつくと腸のまわりの内臓の働きも活発化します。さらに、両手で支えることは手首のくるぶしを刺激することにもなります。そのくるぶしの部分も白血球造血巣の働きをするので、新たな免疫力獲得との関連が出て来るのです。

このように独り座りの時期に、自分の位置から興味あるものへ近づきたい意欲がわいてくると、自然に両手を前に出して進もうとし、手足を交互に動かしながら上半身と下半身を連動させて動かすようにもなり、移動がスムーズな膝つき這い這いをはじめるのです。

這うことの身体的、精神的効果

赤ちゃんが自由闊達《かったつ》に移動できるようになると、状況によっていろんな這い這いのスタイルを使い分けるようになります。這い這いにいろいろなスタイルがあることは、それぞれの赤ちゃんの個性だという人もいます。が、むしろ、這い這いの自然な動きがでるように育てていると、成長とともに赤ちゃん自身が這い這いのバリュエーションを組み合わせたり、応用したりする〝自由さ〟が育ってきます。それが個性といえるのです。

そして、それこそが、赤ちゃんの好奇心や意欲を育て、将来の想像力や独創力につながっていくのです。

目が覚めている日中は交感神経が働き生き生きとすごし、体内に異物が入ってきても、いつでもそれを打ち負かせる免疫力が備わってくるような赤ちゃんを育てたいものです。十分に這わないうちに立たせようとしたり、ワンパターンでしか這うカタチが現れない時には、もっと赤ちゃんが自由に動ける環境と、身体づくりに時間をさいてあげたいものです。生き生き動きまわり、ケタケタ笑う赤ちゃんは、免疫力の備わった赤ちゃんといえるのです。

赤ちゃんの成長の段階である一定の時期に現われる赤ちゃん特有の動きは、

みな発達の上で必要なことであり、とても意味あることなのです。そして現われた自然な動きは、どれも喜びを伴い、楽しみとなって、精神的な安定に結びつくようになっているのです。

人生をスタートさせたばかりの赤ちゃんには苦しく、辛い思いを耐えて乗り越えさせるのではなく、見えるものに対する好奇心や探究心、意欲にそそられて、前へ前へと思わず進んでいくような、そんな喜びの心が奥底に宿って欲しいと願います。

腰の位置が歪んでいると苦痛な思いをしますし、自分で目的のところへ自分でいけるという可能性にも気づかなくなってしまいます。対面抱っこを通して背筋真っ直ぐな身体が赤ちゃんの身について、這う動作が自然に表れそれを楽しめる赤ちゃんにしてあげたいものです。

実際に対面抱っこで背筋をまっすぐにし、這う経験を積むようになると、たとえアトピーのような皮膚の状態でいても適度に汗をかき始め、爛《ただ》れが乾き皮膚の様子に変化が表れてきます。逆に背筋がまっすぐに保たれていない赤ちゃんは、湿疹がでたり、母乳からの免疫がある期間であっても熱を出したり鼻水や咳《せき》などの症状が出たりします。背筋をまっすぐに、腰と首がその延長線になるように心がけていると、這うという運動を通して赤ちゃんは健康と機嫌を回復していきます。食べ物との関連や衣類や室内環境も問題の原因のひとつかも知れませんが、対面抱っこをして育てると、このような事態が改善されていくことを体験してもらいたいと思います。

背筋が真っ直ぐになり自律神経のバランスがとれるということは、その身体の状態にふさわしいだけの分泌物が体内から発せられるようになることです。

これにまさる薬はこの世に存在しないのではないでしょうか。

外部からのむやみな投薬は、身体の内部からの要求を把握しきらずに与えていることになり、かえって自律神経のバランスと免疫力の発達の邪魔になっているかも知れないのです。赤ちゃんは自律神経のバランスをとることを知らないまま成長し、悪循環を招くようになります。その意味で私は、ゼロ歳時代の投薬は害になるのではないかと思っています。

薬に頼るより、赤ちゃんの本来もっている力を信頼して育てたいものです。赤ちゃんは自分からはものを言わない存在ですから、大人は慎重に自分の身に置き換えて赤ちゃんの立場を探ってあげたいものです。

赤ちゃんは自ら気づいて学ぶ

繰り返しますが、大人が教えないのに赤ちゃんが自発的に動き、それも機嫌よく生き生きとした自然な姿が見られるのは、背筋真っ直ぐで自律神経の

膝をついて手足交互に這ったり、お尻を上げて手足だけで這うこともある。

バランスがとれた状態の時です。背筋が真っ直ぐだと集中力が出てきて目の前の人をしっかり見ることとあたり全体を見渡すことの両方に気づくようになります。

　気付きというのは赤ちゃんに教えることが出来ないものなのです。

　教えられることは限られた内容のことしかできませんが、この時期に大人が赤ちゃんに教えることができるものはほとんどありません。みんな赤ちゃん自身が自分から気付いたことの積み重ねが学習であって、言葉も文字も連絡手段のない状態で自ら学ぶ赤ちゃんの気づきという〝脳力〟は、背筋を真っ直ぐにすることによって交感神経が働いて自分のやる気が出て、集中力が出てきて得られるのです。

そして、視線がしっかり合って笑う時は、対面する相手との時間を共有しており、その集中した時間が赤ちゃんに楽しい記憶を生むことになるのです。「這う運動」は体がしっかり動くというだけでなく、見たものに近づきたい、確かめたいという欲求が起こってこそ現れる行動で、その行動にいたる動機は、欲求が起こる対象の記憶が赤ちゃんの中で持続していることです。

赤ちゃんの欲求を満たす生命活動は交感神経を支配する背筋の状態に左右されています。意欲的な生命活動の源動力として、背筋を鍛える「這う運動」は、必要不可欠だということです。

寝返りを促がしたり、這い這いを促したりする時、赤ちゃんにとって慣れない体験であると泣いたりすることがありますが、それはその時の歪んだ姿勢を矯正するという力が働いて泣いているのです。

きちんと背筋が真っ直ぐな姿勢がつくられると自分の思い通りに自分の身体が動かせるので、ひと時は泣いても、新しく力を発揮するコツを覚えると泣いたことはすぐ忘れてしまいます。それは、ちょうど母親が出産後に陣痛の痛みをすぐ忘れるようなものです。泣いたあとは行動に移すことが楽しい、気持ちがいいという感情が生まれ、とても快活な精神的に安定した赤ちゃんに変身していきます。

自然の摂理に沿った子育て

赤ちゃんは人間として未熟な状態で生まれており、周囲から保護され、母親のおっぱいで免疫力をカバーされている半年くらいの猶予期間に、赤ちゃん自身がより人間らしく成長していくように自立することが求められます。そのために免疫力獲得は必要不可欠といえるでしょう。繰り返しますが、這う運動はその免疫力獲得のための要点でもあり、また免疫力獲得の手段でもあることを知って欲しいと思います。

背筋真っ直ぐの条件が満たされると、無理しないでも這うことが自然に出来るようになっていくので、対面抱っこをし、這う運動を促がしながら育てることは、自然の摂理に沿った子育てといえるのです。

この子育ての思わぬ効果として、育てている大人が赤ちゃんをよく観察し、それに習って背筋まっすぐの姿勢を実際にまねてみると、赤ちゃんばかりでなく大人も好ましい変化に気づく経験をします。まねた大人自身が血流の促進とともに快活な精神状態と、自分の身の軽さ動きやすさを感じ、それが生活の原動力となってゆくからです。

骨を丈夫にすることは免疫力を高めること

安保　徹先生（新潟大学大学院医学部教授）

私達の広い意味での免疫力は白血球によって担われていますが、白血球は骨の中でつくられています。つまり、骨髄です。「なんで骨の中に白血球をつくる場所ができたのか」という疑問が解けると、今回の姫川さんの述べている赤ちゃんの「這う」ことの重要性がすんなり理解できるでしょう。

生物は多細胞生物に進化して適応力を高めましたが、構成する細胞の分化が始まり特殊化の流れが進みました。まず、皮膚の細胞が生まれ腸の細胞が生まれました。しかし、基本は単細胞生物時代のアメーバの姿をとどめたマクロファージです。単細胞生物時代の名残《なごり》です。このマクロファージが白血球の基礎になっています。

もう一つマクロファージは、細胞興奮に使われたCa^{2+}（カルシウム）やPO^{42-}（リン酸）、つまり老廃物を一時的に貯め置く細胞としての役目も担い、骨（リン酸カルシウム）が生まれました。骨細胞も破骨細胞も起源はマクロファージです。このため骨と骨髄機能は同じマクロファージの分身なのです。つまり骨を丈夫にすることと免疫力（白血球を育てる）を高めることはつながっています。赤ちゃんの這う運動が骨を丈夫にし免疫力を高めていたのです。

また、運動は自律神経を鍛えることでもあります。二本足歩行にたどり着くまでの「這う」運動は、赤ちゃんが人間らしさを獲得するために必ず通らなければならない道だったのでしょう。姫川さんは、今回このことを明らかにしてくれました。

1947年生まれ。「白血球自律神経支配の法則」の解明を始めとして、顆粒球とリンパ球理論など、これまでの医学研究にはなかった全く新しい視点からの免疫論を唱える。主著に『未来免疫学』『免疫革命』『医療が病をつくる』など多数がある。

ちょっと役に立つ？　こんな子育ての本

子育てがつらくなったら読む本

精神科医　宮田雄吾著
情報センター出版局
本体1400円＋税

子育てに100点満点なんかない、51点で十分ですよ、というメッセージが心に響く本です。一問一答形式で全80問。児童相談所嘱託医の経験と精神科医の臨床を通して、わかりやすく「お母さん、楽しく元気に生きなきゃダメ！」と、正しい手抜き法を教えてくれます。

子どもにまつわる諸状況は決して好ましいとはいえません。いじめ、不登校。少年少女犯罪、少女売春や児童虐待、事件は毎日起こります。特にお母さんの苦労はたえません。精神科の病院には子育てに行き詰まって、体調を壊したお母さんたちが数多く訪れます。そうしたお母さんが回復してゆく過程で多くの気付きが生まれました。その中で実際に有効だった考え方をまとめたのが、この本です。

失敗させる！6歳までの子育て

生活保育研究会代表
本吉圓子（まとこ）著
新紀元社
本体1300円＋税

意欲を燃やして物事に集中し、思いやりのある人間に育つには、一方で十分にスキンシップで甘えを満たされ、一方で見守られながら自由が与えられ、失敗を含む豊かな体験をすることが大切だ、と著者は言い切ります。

今のお母さんは、失敗を恐れすぎ、子どもの先回りをして、失敗のないようにやってあげてしまう、これが子どもの「生きる力」を奪ってしまうのだ、とも。

本書は、子どもにとっての良い保育とは何かについて、本当の親の愛情のあり方という視点に立って書かれています。「子どもは失敗するほど賢くなる」「学級崩壊と幼児期の育て方」など、思わず身をのり出すテーマが揃っています。保育実践の第一人者の力作。

カウンセラー良子さんの子育てはなぞとき

「子どもの心相談」
アドバイザー　内田良子著
ジャパンマシニスト
本体1238円＋税

著者はNHKラジオの電話相談「子どもの心相談」アドバイザーとして活躍中の専門家です。「ちいさい・おおきい・よわい・つよい」で16回連載をしたエッセイをまとめた本書、子育て最前線、乳幼児の成長の現場からのレポートですが、30年間のカウンセラーとしての実践が伝わってきます。

子どもの問題は、家庭から父親を奪っている企業社会にあり、母親はわが子を小さな大人として育てようと必死になっている、と指摘する鋭さは、思わずうなずけます。昨今の子育てが、赤ちゃんが生まれ育つ体と心の成長の道筋をほとんど知らない白紙のまま、親としての本番が始まる所にあります。子どもの人生の主人公は子ども、が本書の結論です。

子育て本、ひろい

逃げるな、父親

評論家　八幡和郎著
中公新書ラクレ
本体680円＋税

副題は、小学生の子を持つ父のための17条。元通産省のお役人だった著者、当時よくテレビで、市民派と闘っていた理論家で、私は正直好きではありませんでした。が、官僚をやめ、独立し、本音で語り始めたせいでしょうか、昨今の著者の本は、なかなかユニークで、時代の先を感じさせます。

この本はそんな、子育て中の父親でもある氏が、ある意味で自己流に、また、専門であるフランスや世界の教育との比較の中で、日本の低迷する「ゆとり教育」を批判し、ならばどうあるべきかを説いた新書本です。

「今、子どもたちが幸福感に満ちた時代か」こそ教育であり、いきすぎた管理教育への厳しい指摘はなかなか傾聴に値します。

子供を救う給食革命

京大教授　伏木亨
教育事務所長　北山敏和
共著　新潮社
本体1300円＋税

著者である伏木氏は、京大大学院農学研究科教授として、食品、栄養化学、おいしさの脳科学や自律神経と食品などを専門にしています。一方、健康教育学を専門とする北山氏は、和歌山県教育委員会で健康・駅弁や学校給食などの担当を経て現職にあります。

共に欧米食への危機と、戦後の食文化の西洋化に対する、給食からの改革を論理的に展開します。スローフードや食育という流行語にも要注意、とするあたりは、筋の通った説に感じられました。ウンチ教育のススメ、サンマ一匹から広がる教育なども注目です。

要は給食でパンをやめ、ご飯だらけにしよう、という提案なのですが、教育論としても親や先生方に読んでほしい一冊です。

身近な危険から子どもを守る本

子どもの危険回避
研究所所長　横矢真理著
大和書房
本体1300円＋税

親子で読める総ルビ付のテキスト本。木曜日からスタートし、水曜日に到る間に、㊍留守番、㊎おけいこ、㊏友だちと公園、㊐ショッピングセンター、㊊学校で、㊋ダメな子?、㊌悩み、といったテーマで話が展開します。それぞれの状況の中で生じる可能性のある危険について言及します。

ネットサーフィンや、ケータイ、カメラつきケータイでの盗撮、チカン、カツアゲ、モデルに誘われる、友人との関係など、今月の子どもたちが、誰でも自分を自分で守らねばならない防犯対策が身近な話題を通して理解できるよう編集されています。

いやな時代ですが、小学校3年以上なら読めそうなこの本、家庭の教科書といえます。

イラスト／今井久恵

読者と編集部がつくる

こころの広場

■12号のアンケートから

★今回で3回目の姫川裕里さんの「子育てと免疫学の接点」。世間では知られていないことばかり。もうすぐ3歳になる娘には間に合いませんでしたが、友人などに是非教えてあげたいです。

私の娘が生まれた時のことですが、娘は少し小さめ、口も小さく生後1か月は乳首にうまく吸い付いておっぱいをうまく飲めなかったので、おっぱいのたびに立ち抱っこで左右の乳首に吸い付く練習をしていました。今となっては、たとえ1か月であってもよかったなあと、ホッとして記事を読めました。

（愛知県・KMさん）

＊＊＊＊＊＊＊＊

★いつも全部読んでいます。文章の量はもう少し多くても良いです。

わたしはベビーマッサージの会の代表をしているので、11号の「子育て本、ひろい読み」で紹介されていた山口創さんの本をさっそく読み始めました。

12号に山口さんのインタビューが載っていてとても嬉しかったです。私たちの会の名前は「なでなでの会」。「なでなでが思いやりを育て、脳を育む」とまさに書かれていてうれしかったです。

これからもスキンシップの大切さを広く伝えていきたいと思います。

（三重県・中山さん）

＊＊＊＊＊＊＊＊

■東京都のTKさんから、姫川裕里さんの連載「子育てと免疫学の接点」について、ご質問をいただきましたので、さっそく姫川さんにお返事をいただきました。

★前回、今回の免疫学の話はその時期を過ぎてしまった親にとっては厳しいものでした。6歳の娘に今さら抱っこしながら授乳していたことを後悔してもどうにもなりません。指導もできません。今からできることはありますか？

――赤ちゃんの時期の免疫力獲得について、時期を限定して稿をすすめてきましたから、対面抱っこやおっぱいの飲ませ方や、這い這いについて、重点的に述べてきました。しかし、ここで私が何を言いたいのかというと、「背筋を真っ直ぐに育てる」ということと一言に尽きるのです。それは、大人も子どもも年齢差関係なく、全員に共通のことなのです。

赤ちゃんは免疫を獲得していく過程として背筋を真っ直ぐに首と腰はその延長線にくるように育てると自律神経のバランスがとれてきます。大人は、病気の予防でもあり、病気の時に回復手段ともなります。自律神経のバランスが取れてくることは共通です。

ただ、「赤ちゃんの時期に対面抱っこすると背筋一直線が身につきやすいので大変効率がいいよ」という意味で力を込めて語っているのです。大人が体全体にかかわれる時期が赤ちゃん時代だし、大きくなると対面抱っこしにくいし、背筋をまっすぐにしようとしても部分的にしかかかわれないので、小さい赤ちゃん時代の話には熱がこもるのです。

私の原稿を読みながら、自分の育て方と違っていたことを指摘され、これまで間違った悪いことをしてきたかのように自責的になることはありません。わが子には遅いと思えたとしても、その延長線は一体どうなるのかと問いかけてみると、今の私達大人の姿がそこにあります。私達の世代は対面抱っこして育ててもらったわけではありませんから。

　つまり、私は今の私達大人よりもよりよく育てようとしている試みとして、背筋を真っ直ぐに育てやすい方法を伝えているのです。大人も背筋を真っ直ぐにしたいけれど、対面抱っこしてくれる人がいないので、赤ちゃんには是非してあげようという話なのです。ですから、赤ちゃん時期を過ぎても大人も子どもも皆背筋を真っ直ぐに背筋力をつける運動をすればよいのです。私達大人も背筋を真っ直ぐに伸ばす必要があるのです。そして背筋が真っ直ぐになるような運動を好み、それが気持ちよいと思える体が本当に健康体なのです。

　私は、赤ちゃんに習って這い這いしてみました。はじめは苦痛なものでした。しかし背筋が変わり背筋力をつけるうち、爽快感がわき、持病を克服し今では病気の予防運動となっています。子どもには楽しませながら運動させたいですから、ジャンプや馬飛び、けんけんやブリッジや棒のぼり、そんなことをさせるチャンスや場をつくることを工夫したらよいと思います。大人も一緒にやれば子どもはついてくるものです。（姫川裕里）

＊＊＊＊＊＊＊＊＊

■12号の「わが子を通わせている幼稚園で幼児虐待の現場を見たのだが、どうしたらよいのか」という匿名希望さんのお手紙にお返事を頂きました。

　このままでは決してよくないと思います。この園に通わせる前にどのような保育をしているか聞かなかったのでしょうか。お母さんがどのような子育てをなさりたいと考えているかわかりませんが、もっと園長先生と話し合った方が良いのではないかと思います。

「わが子であろうがなかろうが、しつけのためであろうと体罰は絶対にしてほしくない」ということを主張した上で、園が今後どのような対応をしていくつもりなのかを聞き、曖昧《あいまい》な言動が続くようであれば、専門機関に相談するなり、このことを理由に転園させるなりした方が良いと思います。

　お子さんもきっと苦しんでいると思います。

　お子さんを守れるのはお母さんだけです。勇気と信念をもって進んでください。

（山形県・横倉さん）

＊＊＊＊＊＊＊＊＊

――編集部より

リニューアル新創刊号はいかがでしたでしょうか。サイズは小さくなりましたが、文章量もこれまでよりも少し増え、さらにいろいろな視点から内容も膨《ふく》らませました。率直なご意見、ご感想をいただければ幸いです。

大村祐子さんへの質問募集

シュタイナー教育相談室Q＆A（90〜98ページ）への質問を募集しています。ひびきの村代表の大村祐子さんが、シュタイナー思想の立場に添って、丁寧にお答えします。

（「子どもたちの幸せな未来」編集部教育相談室係まで）

【お便り募集中／送付先】
〒101-0054
東京都千代田区神田錦町3・21
三錦ビル
ほんの木「子どもたちの幸せな未来」編集部お便り係
TEL03・3291・5121
FAX03・3295・1080
editor@honnoki.co.jp

BookShop
本の通信販売

今号でご登場いただいた方々の主な著作がほんの木の通信販売でお求めになれます。


〈ご注文・お問合せ〉

送料は、定価1260円（税込）以上の小社の本を1冊でも同時にお買い上げになると無料です。

（電話）03-3291-3011（月～金 9:00～19:00、土～17:00）
（FAX）03-3293-4776（24時間）
（郵便振替）00120-4-251523（加入者）ほんの木
（送料）1回のご注文が10500円（税込）未満の方は368円（税込）がかかります。
（代引手数料）1回のご注文が5250円（税込）以上は無料、5250円以下は、210円（税込）がかかります。離島、国外へは別途実費がかかります。

大村祐子さん

昨日に聞けば明日が見える

大村祐子著
ほんの木
定価：本体2,200円+税
2003年8月8日刊

シュタイナーが洞察した人生の7年周期説。転機は7年ごとに訪れから、人生はやりなおせる！「バイオグラフィ」で未来を発見！

毛利子来さん

父親だからできること

毛利子来著
ダイヤモンド社
定価：本体1,400円+税
2002年9月27日刊

タヌキ先生が初めて書いた、父親のための威張らない、媚びない子育ての秘訣。

吉良創さん

シュタイナー教育のまなざし 子どもへの接し方 育て方

吉良創著
学研
定価：本体1,600円+税
2003年11月13日刊

子どもと大人の調和のある生活をつくるための、シュタイナー幼児教育の現場からのヒント。

佐々木正美さん

子どもへのまなざし

福音館書店
佐々木正美著
定価：本体1,700円+税
1998年7月刊

「乳幼児期は人間の基礎を育てる大切な時期である」。30年以上子どもの臨床に携わってきた著者が淡々と語る育児。

西川隆範さん

あたまを育てる・からだを育てる

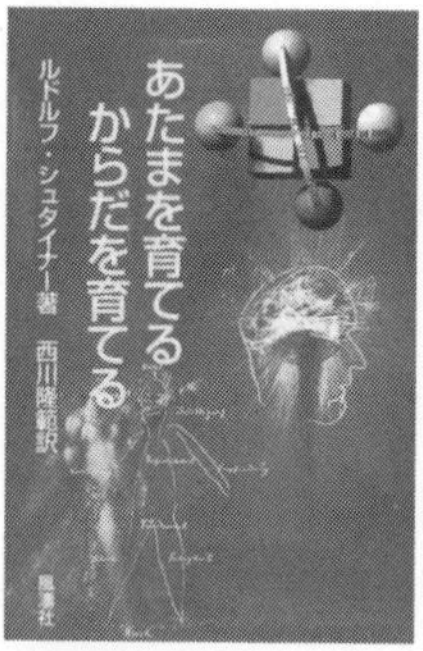

西川隆範著
風濤社
定価：本体1,900円+税
2002年11月30日刊

人間は〈からだ〉と〈いのち〉と〈こころ〉と〈たましい〉からなる。それらを身体の成長とともにどうバランスよく育てていくか。

正高信男さん

父親力

正高信男著
中公新書
定価：本体660円+税
2002年3月25日刊

母子密着型の子育てからの脱却のために父親は何ができるのか？

小貫大輔さん

耳をすまして聞いてごらん

小貫大輔著
ほんの木
定価：本体1,500円+税
1990年8月1日刊

世界周遊中の若者がブラジルの貧民街でシュタイナー教育に出会い、ボランティアで働き始める。そして出会った感動の体験記……。

藤村亜紀さん

心で感じる幸せな子育て

藤村亜紀著
ほんの木
定価：本体1,350円+税
2001年12月20日刊

シュタイナー幼児教育の入門の入門編。0歳～7歳を対象に保母だった著者の楽しい、やさしい子育て書として大人気。

はせくらみゆきさん

試して選んだ自然流子育てガイド

はせくら みゆき著
ほんの木
定価：本体1,350円+税
2002年8月刊

マタニティーから小学生までの「暮らす・食べる・遊ぶ・生きる」。ナチュラル派子育てのノウハウがギッシリ。

今井重孝さん

ピースフルな子どもたち

日本ホリスティク教育協会編
せせらぎ書房
定価：本体2,000円+税
2004年3月31日刊

いじめ、戦争、テロ……世界中で泣いている子どもたちの声を聴こえていますか？あなたには何ができますか？

姫川裕里さん

子育ての免疫学

姫川裕里著、安保 徹/協力監修
河出書房新社
定価：本体1,500円+税
2004年7月20日刊

アトピーやアレルギーを克服し、病気にかかりにくい体をつくるには、免疫力を高めることである。では、赤ちゃんにはどうするか？

星の子物語

人や動物、植物、鉱物、母なる地球に住む　すべての兄弟たちへ！

第1回（6回連載）

作・絵／はせくらみゆき

私たちはかつて皆、星のかけらでした。そう、それは人だけではありません。鳥も、虫も、土や鉱物たちも、皆同じだったのです。そのことを心で知った時、身体の奥が震えました。「私たちは、皆繋《つな》がっている。繋がりの中で、生き、生かされている、かけがえのない存在の私たち。根底に流れているのは愛…！」
こう直感した時、まるで空から舞い降りるように、一つの物語が生まれました。それがこの物語です。どうぞゆっくりとお楽しみください。

1. 青い星

　それは、星の子が九つになったある日のことでした。窓からみえる星空のずっと彼方《かなた》に、青白い街灯《がいとう》をポッと照《て》らしたような美しい星が浮かんでいました。

　星の子は、この星をながめる度《たび》に、胸の奥がぎゅっとしめつけられるような気持ちになって、どうしてもそこに行ってみたくてたまらなくなるのでした。何をするにもぼんやりとして星のことばかり話している息子を見て、おとうさんとおかあさんは心配になるのでした。

「あぁ、わたしのかわいいぼうや、どうしてしまったのかしら。あの子の頭にあるのは、いつもあの星のことばかりだわ」

「こうしておもっているばかりじゃ何も始まらないよ。いっそのことあいつの望んでいる星に旅させようじゃないか」

「そんな、大丈夫かしら？　あの子はまだ九つになったばかりだわ」

「大丈夫だよ。かわいい子には旅をさせろというじゃないか。わたしたちのいとしい子供だ。きっとうまくやるさ」

　こうして、星の子は無事、青い星に旅することができるようになったのです。

2. 七色の羽衣《はごろも》

「でもどうやってそこまで行ったらいいの?」星の子はたずねました。

おとうさんはこっくりうなずいて奥の部屋に行くと、紫《むらさき》水晶《すいしょう》でできた箱を大事そうに抱《かか》えてきました。そして丁寧《ていねい》にふたを開けました。開けた瞬間、光がきらりと音を奏《かな》でました。中にはビロウドのようにしっとりとして、ほんわりあたたかい羽衣《はごろも》が入っていたのです。表には七色の虹《にじ》の模様がぬいとられていて、丁度虹がきれる肩の部分からは、それぞれ七色の細長い羽《はね》が、風になびくたて髪のように、ひらりと揺《ゆ》れていました。その上、背中の中央には、るり色がかった透《す》き通った羽が翼《つばさ》のようについているではありませんか。

星の子は頭の上からすぽんと羽衣をかぶり、ためしに背中の羽をパタパタと動かしてみました。あっという間に身体はふわりと宙に舞《ま》い、行きたいところは空を飛んで、どこでも行くことができるのでした。

おとうさんは言いました。

「何か困ったことがあったら、七色の羽を一色ずつひっぱってごらん。きっと役に立つと思うよ」

それから星の子は、二人にぎゅっと抱きしめられ、何度もキスをかわしました。そして背すじをピンと伸ばして「行ってきます」と手を高く振り上げながら、ふるさとの星を後にしたのです。

3．月夜のパーティー

幾つもの星々の間をくぐり抜け、めざす青い星の姿を間近に見たのは、星の子が旅を始めてから九十九日目のことでした。

星はやはり青くきらりと光っていて、墨《すみ》を流したような暗がりの中でぽっかりと浮かんでいる宝石のように見えました。

雲のきれ間からは高い山々や海、人の住んでいそうな街の灯が見えます。星の子はしばらく目をこらして、降《お》りやすそうな場所を探していましたが、やがてコクンとうなずくと、すい込まれるようにすうっと降りていきました。

すとん。両足をしっかり大地に降ろして、身体についている宇宙のチリを片手でパンパンと払いながら、ゆっくりとあたりを見まわしました。

「ははん、どうも今は『夜』みたいだね。ここはどこかな？ 木がきれいにはえそろっていて…　すべり台もある、ブランコも見えるよ」 そう、そこは夜の公園だったのです。

ベンチには、ひげがぼうぼうにはえたおじさんが新聞紙にくるまって横になっていました。

「こんばんわ」 星の子は小さな声で言いました。おじさんはちらりと横目で見ただけで何も答えません。

「おじさんのおうち、すてきだね。お星さまといっしょに寝れるんだね」

今度は、おじさんの目が大きく見開いて、あきれたように言いました。

「なぁに、ちっともよかないさ。寒いし、のらねこや犬がきて吠《ほ》え立てるし、それにおなかだってペコペコさ」

そういうと大きなため息をついて、向こうを向いてしまいました。星の子は、どうしたらよいのだろうと考えました。

（そうか！ おとうさんは言ってたじゃないか。月の光がやさしく二人の姿を照《て》らしています。何か困ったことがあったら七色の羽《はね》を一色ずつ引っぱれって）と心の中でつぶやくと、すかさず一番上についている赤い羽を引き抜きました。すると服の中にぬい込まれていた赤い虹の糸もするするとほどけ、程なく、きらきらときらめく星砂に変わっていました。星の子は両手の平にすっぽりとおさまっているその砂をゆっくりとまき始めました。砂は指の間からかすかな楽譜《メロディ》を奏《かな》でながら、さらさらとこぼれ落ちました。

それはとても軽いと見えて、地面に落ちると一瞬ふわりと舞い上がり、きらりとあたりを照《て》らすのでした。

星の子は、この様子を目をまんまるにして見ていましたが、やがてジュッと地面をこすったかと思うと、星砂はすぐに赤々と燃える炎《ほのお》に変わっていたのです。

炎は勢《いきお》いよく燃えています。パチパチッ、と音を立てながらベンチのまわりをぐるりと取り囲んでいます。おじさんも星の子も、身体がほこほことあたたまってきました。よく見ると炎のまわりには次々と動物たちが集まってきています。カエル、ネコ、イヌ、ネズミ、コウモリ、アリ、地面がムクムクッと盛《も》り上がったかと思うと、モグラもやってきました。

しばらくすると、炎のまわりから香《こう》ばしいにおいが立ち込《こ》めてきました。焼き立てのパンの匂《にお》いです。皆がくうんと鼻《はな》を鳴らすと、炎の中からふっくらとしたパンが、ポンポー

ンと飛び出しました。そしてすぐに、野菜のたっぷり入ったとろりとしたクリームシチューや、パイやケーキ、色とりどりのキャンディー、ワインやじゅうじゅう音を立てたステーキが、次々と飛び出してくるのでした。

「さぁ、パーティーの始まりです」おじさんと星の子と動物たちは、歌ったり踊《おど》ったりしながら赤々とした炎のまわりをぐるぐると回りました。皆、おなかで太鼓が打ち鳴らせる程、たくさん食べました。満天《まんてん》の星が降《ふ》りそそぐ中、皆は心ゆくまでパーティーを楽しみ、しあわせなひと時を過ごしました。

別れぎわ、おじさんは、ひげをもしゃもしゃさせてにっこり笑いながら言いました。「あったかい、っていいね。ありがとう、ぼうず」

おじさんと動物たちは朝もやの立ちこめる茜《あかね》の空を見上げながら、星の子の姿が見えなくなるまで手を振っていました。

「自然流と
シュタイナー」
子育て・幼児教育
シリーズ
子どもたちの
幸せな未来②

子どもの健康と食からの子育て

――自然流食育からシックハウスまで――

食事の栄養バランス　栄養とその働き
「食育」のウソ・ホント　食事の時のしつけと作法
シュタイナー教育から見た「子どものからだ」
シックハウス、シックスクールの原因と対処
子どもの部屋、幼稚園、保育園は大丈夫ですか？

●〈連載〉
「子育てママの元気講座　心はいつも晴れマーク」はせくらみゆきさん
「始めませんか？　台所からの子育て」安部利恵さん
大村祐子さんの「シュタイナー教育相談室Q＆A」
エッセイ＆マンガ「子育てほっとサロン」藤村亜紀さん

子どもたちの幸せな未来①
共働きの子育て、父親の子育て
2004年10月20日 第1刷発行（毎偶数月発行）
2005年 3 月20日 第2刷発行

編集・制作　（株）パン・クリエイティブ
プロデュース　柴田敬三
〒101-0054 東京都千代田区神田錦町 3-21 三錦ビル
Tel.03-3291-5121　Fax.03-3295-1080
編集人　戸矢晃一
編集部直通メール　editor@honnoki.co.jp
発行人　高橋利直
発　売　（株）ほんの木
〒101-0054 東京都千代田区神田錦町2-9-1 斉藤ビル
Tel.03-3291-3011　Fax.03-3293-4776
http://www.honnoki.co.jp/
E-mail　info@honnoki.co.jp

郵便振替口座　00120-4-251523　加入者名　ほんの木
印刷所　中央精版印刷株式会社